Silvio Pellico

Lettere al conte milanese

Federico Confalonieri

(1831-1846)

A cura

di Cristina Contilli

Lulu.com

3101 Hillsborough Street

Raleigh, NC 27607

USA

Printed in 2012.

SECONDA EDIZIONE

Nota alla nuova edizione

Nel 2011 in occasione dei 150 anni dell'unità d'Italia sono stati riordinati e restaurati molti manoscritti conservati nella Biblioteca della Camera dei deputati tra cui anche lettere e poesie del Pellico.
Le foto relative al restauro sono consultabili al seguente link:
http://www.studiocrisostomi.it/index.php?option=com_content&view=articl
e&id=157%3Asilvio-pellico-lettere-autografe%3D25&Itemid=56

Nota al testo (prima edizione)

Gli autografi delle lettere indirizzate a Federico Confalonieri pubblicate nel volume S. Pellico, "Poesie e lettere inedite", Roma, 1898 erano conservati ai primi del Novecento nella Biblioteca della Camera dei deputati di Roma, ma purtroppo sono andati perduti. Di questi autografi si è conservata soltanto la riproduzione fotografica.
Gli autografi delle lettere pubblicate da G. Gallavresi nei 3 volumi che comprendono il carteggio completo del conte Confalonieri erano conservati nel 1901 nell'Archivio Casati di Cologno Monzese e attualmente sono conservati nella Raccolte Civiche milanesi, nel fondo Casati, che comprende anche gli autografi della corrispondenza tra Federico Confalonieri e la moglie Teresa.

L'autografo conservato nel 1856, all'epoca della pubblicazione della prima edizione dell'epistolario del Pellico, curata da G. Stefani, nell'archivio Mellerio di Milano è attualmente conservato nel fondo Mellerio dell'Archivio di Stato di Milano.

Federico Confalonieri in un ritratto del 1806.

1.

Supremo amico mio![2]
Ad un uomo che penuriava di libri, una bibliotechina di cento buoni volumi
è dono prezioso, e tu medesimo non puoi capire quanto ne sia benefico il
valore pel tuo Silvio. Ma sì, tu lo capisci, o fratello dell'anima mia.! La tua
squisita intelligenza sa trasporti nella mia situazione; tu sei il più ingegnoso
degli amici per indovinare i dolori non tuoi, e farli quasi tuoi e non aver
pace se non li hai sollevati.[3]
Ma v'ha un dolore che tu non puoi sollevare, o amatissimo! Ed io lo provo
ogni giorno, ed ogni ora, ed è quasi il solo del quale nulla possa consolarmi:
quello di non averti qui meco, quello di saperti oppresso da tante afflizioni,
quello di non poterti aiutare, Oh, quante volte si dice da qualcuno per
esagerazione "Darei la vita per lui!". Ebbene, mio buon amico, a me pare di
non illudermi neppure nel minimo grado, e Iddio me n'è testimonio,
dicendoti che davvero, oh, sì, davvero; se io potessi far cessare le tue
sventure a costo della mia vita, lo farei di cuore. Il Cielo mi diede in vari
tempi diversi buoni amici, e tengo ognor cari essi, o la loro memoria; ma tu
sei quello con cui l'anima mia s'è più pienamente tante volte versata; tu sei
quello con cui maggiori cause mi hanno più fatto da tutte le parti del cuore

---

[1] PELLICO, *Epistolario*, cit., p. 74.
[2] "Questa lettera fu da Silvio, un anno dopo uscito dallo Spielberg,
azzardata per mezzo di persona, che facevasi forte di poter riuscire a farla
pervenire al suo indirizzo, ma vano riuscì ogni tentativo, e non mi giunse
che dopo uscito dal carcere." (F. Confalonieri)
[3] Silvio Pellico allude alla cifra di 100 luigi d'oro che il Confalonieri aveva
fatto pervenire alla sua famiglia, sapendo che   versava in condizioni
economiche precarie e che lui, appena uscito dal carcere, difficilmente
avrebbe potuto trovare un'occupazione ed essere di sostegno ai suoi genitori
ormai anziani. In una lettera del 1836 Silvio Pellico informerà l'amico di
aver trovato un lavoro tranquillo e sicuro presso la famiglia Barolo e,
ringraziandolo per quanto aveva fatto per lui e per la sua famiglia fino a
quel momento, gli dirà che può anche sospendere il suo generoso aiuto: *ora,
mio generoso amico, non t'affligga di dover qui cessare uno dei sacrifici
che adempivi con maggior piacere. Iddio dispone tutto con sì pietosa
clemenza per me, ha mosso alcune anime di assai virtù a volermi bene e
sono assicurato del necessario.*

aderire, simpatizzare! Perché non poss'io dimostrarti la mia amicizia? Vuoi tu credere ch'io sovente smanio di non esserti vicino, poiché là almeno, sebbene con tante angosce, potrei ridirti più spesso i miei sentimenti, e avvicendarli e confonderli co' tuoi, e sentirmi confortato e migliorato dal tuo senno, dal tuo amore, dalla tua generosa indulgenza? Ma oh dilettissimo! Dopo che ho gemuto su' tuoi mali, e particolarmente sopra l'amarissima delle perdite che hai fatto, la perdita di Teresa e dopo che ho smaniato, io (vedi, mio buon fratello), io trovo spesso qualche dolcezza in un solo rifugio; ah! È l'unico, quello de' cuori semplici, che si amano e credono in Dio; quello di pregare per l'amico! Io piango e prego per te, e tu piangi e preghi per me!

Già sai, che se io non fossi debitore di me stesso ai vecchi parenti, a tutta la mia amorosissima famiglia, io ero troppo disgustato della società per non andare a chiudere la mia vita fra mura, ove poco s'ha fare con essa, ove null'altro si ha che farvi, se non servire gl'infelici. Più studio la religione e più me ne innamoro. Sento quanto indegno discepolo io le sia, ma pregio tuttavia d'essere discepolo ; e molti crollano il capo, e mi compiangono della mia stoltezza, so che non istà nell'essere cristiano, ma nel non esserlo abbastanza.

Il mondo va alla peggio, amico : è pieno di calunnie e di furori. Ma ora, come in tutti i tempi, fra molte anime basse, ve ne sono alcune in ogni paese d'elevate, di pure, di veggenti. Esse sono quelle che abbelliscono questo sciagurato universo. Io vivo con pochi, e spesso solitario, e spessissimo con te! La mia salute s'è fatta men misera, ma talvolta do un crollo, e torno a star male. Deh! Tu conserva la tua! Noi dobbiamo ancora vederci : io lo spero. Addio, amico vero! Supremo amico! Se pensi sovente a me, sii certo che più d'una volta al giorno i nostri pensieri s'incontrano... Piero è vicino a Paolina[4] : stanno bene, ma non ho da gran tempo nuove dirette. Tu non potrai salutare gli amici, ed io dunque li saluto semplicemente col desiderio. Ti stringo qui qui, sul mio cuore.

Addio, infelice ed ottimo

2.

Torino, 17 gennaio 1836[5]

Mio caro, mio sommamente caro Federico,

---

[4] Paolina Andryane, cognata di Alessandro Andryane, il compagno di cella di Federico Confalonieri.

[5] PELLICO, *Epistolario*, cit., p. 124.

potrà questa mia lettera giungerti? Potrò io finalmente rivedere i tuoi diletti caratteri? Avrò io la consolazione d'intendere che la tua salute sia comportevole, e che ella si vada migliorando colle maggiori cure che potrai averne ora, che, grazie al Cielo, sei fuori da quell'albergo di stenti e di dolori? Oh! Mio Federico, quanto ho sospirato per te la cessazione di quella grande sventura! Quanto l'ho chiesta a Dio! Quanto esulto che alfine ti possano sorridere giorni, ah! Non lieti, no, ma pure men dolorosi, ed anzi misti a qualche viva e durevole dolcezza! Non lieti pur troppo, dopo la perdita che facesti di quell'angelica tua Teresa, che sarebbe stata la tua consolatrice di tutte le pene che troverai ancora sulla terra, e che avrebbe raddoppiato ogni tua contentezza! Forse il tuo cuore, mio buon Federico, avrà indovinato, che fra gli amici che piansero la morte di quell'eroica Donna; uno fui certamente, uno di quelli che più ne furono profondamente angosciati, pensando a lei, e più ancora pensando a te. Io prego sempre per quella bell'anima santa, ma nell'adempiere questo dovere, non posso non dirmi "Ell'è in paradiso." Ella vi è, mio dilettissimo, ella che ha ottenuto da Dio la tua uscita dalle sventurate mura dello Spielberg, e quella clemente disposizione d'animo nel nuovo imperatore, per cui oggi noi tutti siamo pieni di gratitudine e di giubilo. E Teresa dalla sua sede celeste, continuerà ad essere il tuo angiolo, la tua ispirazione, la promotrice dei più soavi sentimenti del cuore! Mio buono e fedelmente memore amico! Io ti sono debitore d'alte prove d'amicizia, di cui non potrò mai abbastanza ringraziarti e benedirti. Prego Teresa di trarne da Dio il rimerito sul tuo capo, facendo che la tua salute si ristabilisca bene, che le tue afflizioni si raddolciscano, e che tu trovi per tutto il resto de' tuoi carissimi giorni una vita tranquilla e confortata!
Oh! Potesse la mia amicizia contribuire a dare qualche sollievo all'anima tua! Niuno t'ha conosciuto ed amato al pari di me; niuno può maggiormente amare e stimare e venerare la bontà e la nobiltà del tuo cuore. Io spero che verrà giorno, che ti potrò, almeno per qualche momento, rivedere e riabbracciare prima di morire. Ah! Intanto amiamoci e diciamoci vicendevolmente che ci amiamo, e preghiamo il Signore l'uno per l'altro. Fra gli altri benefici che tu m'hai fatto, tu mi giovasti assai, quando mi dichiarasti che non vedevi assolutamente la verità altrove che nella Chiesa Cattolica. La persuasione del tuo spirito diminuì allora i dubbi che mi tormentavano; e questi dubbi crudeli sparirono affatto dal mio intelletto.[6]

---

[6] *Io sono ed essere voglio cristiano, questa è la mia professione non solo religiosa, ma politica; di migliore non ho a darne, né di migliore ve n'ha. Questa è la base dei miei principii, questa è la saldezza e la guarentigia de'*

Ora mia suprema consolazione si è il credere in quella gran verità. Gli m'han detto, e ti diranno forse, che son *bigotto;* ma tu non porrai mente alle loro derisioni. Cerco di essere vero cristiano, e se m'è difficile averne le virtù, ho pur già la grazia della fede. Questa mi alleggerisce le amarezze della vita. Iddio m'ha fatto trovare nel mio paese molte anime indulgenti a mio riguardo, infinitamente superiori al numero di quelle che, per un sistema o per l'altro, si sono credute in debito di schernirmi o di denigrarmi. Mi sporgo poco o quasi niente nel mondo; non mi occupo mai di politica; deploro il carattere malevole ed implacabile di tutte le opinioni esagerate, e ricorro all'Onnipotente, affinché dia ai cuori umani un po' di carità, cominciando da me, che amo la carità, ma non ne ho abbastanza. I miei vecchi genitori vivono e mi amano, ed io son felice di potere colla mia filiale tenerezza allegrare alquanto l'avanzata età loro. Il mio buon fratello Luigi sta con noi. Egli per cagione della condanna che io subii fu allontanato dagli impieghi. Siamo contenti della nostra ristretta sorte che qualche mano benefica ha sollevato! Non possiamo dire d'esser poveri, ed io sono più felice qui, che se avessi avuto fortuna splendida lontano da' miei parenti e dal mio paese. L'altro mio fratello prete è passato da un anno nella Compagnia di Gesù. Quella delle mie sorelle che sopravvive, è sempre nel suo umile ritiro delle Rosine. Tal è lo stato della mia famiglia. Tutti i nostri cuori t'amano, e pregano per te. Addio, amato Federico; t'abbraccio con tutta l'anima.

Sostieni la tua salute, asciuga le tue lacrime, sopporta con dolce calma i dolori inevitabili della vita. Consoliamoci di tutto, amando Dio, ed aspirando a Lui. Spero che mi scriverai; oh! Come anelo di ribaciare una lettera tua! Addio, ottimo amico. Sono e sarò sempre il tuo riconoscente e amatissimo [Silvio]

3.

Torino, 28 marzo 1836[7]

Mio Federico, amicissimo del mio cuore per tutta la vita, per sempre! Bisogna adunque che tu abbandoni questo nostro emisfero: eppure non

---

miei propositi, se ancora fossi chiamato a vita un giorno. Ma se il ravvedimento, i propositi, l'abiura, le oblazioni esigonsi dell'ipocrita, dello sleale, del vile, infino che mente e cuore vorrà conservarmi Iddio, da me chiederannosi invano. (F. CONFALONIERI, *Memorie e lettere pubblicate per cura di Gabrio Casati*, vol. 1, pp. 247-248).

[7] PELLICO, *Epistolario*, cit., p. 128.

posso credere che non abbiamo più ad abbracciarci prima di morire! Oh con quanti caldi voti l'anima mia t'accompagna, perché tu non patisca in quel lungo tragitto di mare e nei nuovi climi, ove riposerai il tuo povero capo, stanco di tanti dolori e di tribolazioni! Possa tu, non dico già trovare allegrezza; oh! Non v'è più allegrezza né per te né per me! Possa tu in ogni luogo trovare qualche dolce sollievo all'ineluttabile sentimento delle perdite immense che hai fatto! Infelice Federico! Piango come un fanciullo su te, sulla venerata memoria di Teresa, sulla sacra amicizia che gli anni della sventura hanno stretto tra di noi, e ti benedico del molto, moltissimo bene che m'hai fatto, ed in tempi in cui fu grande e vera provvidenza pel tuo Silvio! Ora, mio generoso amico, non t'affligga di dover qui cessare uno dei sacrifici che adempivi con maggior piacere. Iddio dispone tutto con sì pietosa clemenza per me, ha mosso alcune anime di assai virtù a volermi bene e sono assicurato del necessario. La mia gratitudine verso te sarà eterna, come è eterna la stima e la tenerezza che il tuo carattere amante, forte e leale m'ha ispirato. Tu meriti di trovare amici dappertutto; li troverai. Non è possibile fare intima conoscenza di te, senza amarti ed amarti molto. Ma nessuno, o Federico, nessuno, (parmi) ti potrà amare più di me. Sovvengati sempre che io ho letto in tutti i secreti del nobile tuo cuore e che mi è stato forza affezionarmi a te, più che a verun altro mortale che io abbia mai conosciuto; sovvengati che le nostre due anime hanno scoperto tra loro un'armonia particolarissima; prega ogni giorno per me, ed ogni giorno pregherò per te. Né lontananza né tempo distruggano mai, non diminuiscano mai la schietta fratellanza che ci ha uniti!

Ah! Sì, certo! Io ti scriverò, ed il ricevere tue lettere sarà sommo conforto per me! Sospiro che tu possa dirmi di aver superato con discreta forza di salute le pene di quel gran viaggio, e di non trovarti scontento del paese e degli uomini fra cui vivrai.

L'animo tuo è robusto e religioso; e tali felici qualità contribuiranno a darti calma, sì che lo stesso tuo fisico ci guadagni. Oh come lo desidero! Pensando tu a me, sii sicuro, che sebbene io non abbia dovuto spatriare e goda la dolcezza della famiglia, pur non sono senza lagrime, senza vera e quotidiana partecipazione delle tue pene. Volentieri soffrirei per allegerir te, mio incomparabile amico, mio sostegno, mio benefattore! Ho fiducia che Dio ti serberà quell'alto coraggio che sempre mostrasti nella sventura, e la cui base è l'intima persuasione della verità religiosa. Or simile persuasione l'ho, grazie al cielo, anch'io, e scerno essere l'unica base di tutte le virtù, cui dobbiamo aspirare. Gli uomini ci sono involati dalle vicende, dalla morte, da mille cause, o disgrazie, o perfidie; ma Iddio resta sempre a coloro che abbracciano santamente la croce.

9

Abbracciamola insieme, ed i nostri spiriti non saranno mai divisi! Addio, uomo caro, quanto sventurato! Non cesserò mai, mai di benedirti, d'amarti, di desiderarti.

4.

Torino, 11 settembre 1837[8]

Mio carissimo Federico,
benedetto il giorno 27 agosto in cui io, ritornato da una corsa a Varallo, ho trovato una tua lettera portatami dal buon vescovo! Non so dir quanto ne giubilai, sebbene per noi tale specie di giubilo sia mista a compassione, a desiderio penoso. Oh! Come ti desidero, e t'amo, e ti compiango! Ti ringrazio di questa cara lettera che ho tanto tanto sospirato.
Ma tu dunque non hai ricevuto le mie lunghissime, e neppur quella che ti diressi per mezzo del padre D'Aubisson, missionario? E tu pure dunque m'avevi scritto lungamente altra volta, e non ebbi linea di te prima d'ora! Tutti erano più fortunati di me, essendomi noto che parecchi avevano lettera di te, e segnatamente Trechi[9]. Ancora pochi giorni sono, stando a Varallo, mi venne a vedere il conte Dandolo[10], e mi disse che il nostro Mompiani[11] aveva avuto una lettera tua. Io era afflitto e geloso. E perché non mi risponde? Perché non mi scrive? Non è desso quel Federico sì buono, che non solo tanto mi provò la sua bontà ed amicizia fra i nostri ferri, ma che dopo la mia uscita di carcere mi raggiunse con benefizi ; benefizi che furono grandi, e temperarono una parte de' miei dolori, in un tempo ch'io aveva proprio bisogno di mano amica che mi sollevasse? Tuttavia ripetendomi : E perché non mi scrive? Io non poteva non dirmi: Ah! Certo,

---

[8] Archivio Mellerio, Milano all'epoca dell'edizione dell'epistolario del Pellico curata da G. Stefani – attualmente Milano – Archivio di Stato – Fondo Mellerio.
PELLICO, *Epistolario*, cit., p. 148; CONFALONIERI, *Carteggio*, cit., pp. 756-759.
[9] Il barone Sigismondo Trechi (1780-1850).
[10] Tullio Dandolo, padre dei patrioti Emilio ed Enrico
[11] Giacinto Mompiani (1785-1855). Proveniente da una famiglia nobile di Brescia, fondò nel 1819 una scuola basata sul metodo lancasteriano, fatta chiudere l'anno successivo dal governo austriaco come quelle fondate da Porro e da Confalonieri a Milano. Arrestato nel 1822 venne rilasciato dopo pochi mesi. Collaborò alle rivista fondata da Carlo Cattaneo "Il Politecnico".

egli mi ha scritto, e qualche mala ventura mi priva de' suoi amabili caratteri; ma tornerà a scrivermi. Oh contentezza indicibile, benché tarda! Or mi sembra, leggendo una lettera di te, che siamo meno lontani. Purtroppo hai dovuto scrivermi in fretta, e non mi dici della tua salute ciò che vorrei sapere. Ma dalle corse non brevi che hai fatto costà, arguisco, che tu abbia riacquistato insieme colla libertà una salute abbastanza forte. Il Cielo lo voglia e ti conservi, e consoli i tuoi poveri giorni! Oh! Se un dì ci riabbracciassimo ancora! Ma intanto amiamoci sempre, e ripetiamoci qualche volta che ci amiamo. Parlami di te, e io ti parlerò di me. Godo assai che il libro delle *Mie Prigioni*, col quale cercai non solo d'effondere l'animo mio, ma d'ispirare pii e nobili sentimenti, sia a te paruto buono. Un libro così semplice e senza ornamenti fu accolto con generale indulgenza; e ciò dimostra che in tutti i paesi del mondo vi sono anime compassionevoli, ed in cui la parola del cristiano scende bene accolta, malgrado gli scherni di qualche falso filosofo. Al Signore sia lode! Sarei stato mille volte più contento, se io avessi meno dovuto ristringermi ove in quel libro t'ho accennato qual mio dilettissimo. Il dir di più non mi fu lecito in istampa; ma bensì mi son sempre gloriato e mi glorio in ogni occasione di favellare sul tuo conto con quella stima particolarissima a cui tu hai diritto. Chi ha potuto conoscere il tuo cuore, siccome io? E la tua forza d'animo? E la tua schiettezza? E l'omaggio che rendi alla verità della religione? Quali vincoli ci uniscono! Ed un vincolo sommamente caro è quello della stessa fede, degli stessi pensieri sulla vanità delle filosofie umane. Preghiamo l'uno per l'altro, o mio buon amico, e mostriamo al mondo quant'ei si inganni, quand'ei sogna che dovremmo arrossire della dottrina cattolica. Confortiamoci nel bene, profittiamo delle angosce nostre passate e presenti, seguiamo il Signore in questo breve resto di vita, e fidiamo in Lui che ci darà altra vita senza carceri e senza esigli. Anelo d'abbracciarti ancora sulla terra, ma chissà se il vorrà Iddio! La mia salute, che era tanto rovinata allorché uscii di prigione, ha ripigliato alquanto vigore, ma facilmente si disordina, e di rado sto qualche mese senza patire de' polmoni. Sono grato a Dio della vita che mi lascia, e parmi che gli sarò grato quando mi manderà la morte. Nel passato aprile ei m'ha ritolto la madre, donna rara, di mente giusta e piissima. Io l'amava con tenerezza e venerazione. In questi ultimi sei mesi e mezzo, ella è stata la mia guida, il mio oracolo. Oh come io le parla di te! Oh come ella ti benediceva per l'amicizia che hai posta in me e per la fraterna carità colla quale hai voluto beneficarmi.! Or mi resta il padre, uomo tutto di Dio e sincero e caldo nelle sue affezioni; mi resta quel caro Luigi, mio fratello, che tu conosci, sempre studioso, ma più solitario, più serio, più mesto e ben disingannato d'ogni follia; mi resta il secondo

11

fratello Francesco, fattosi prete durante la mia captività e poscia entrato nella Compagnia di Gesù; mi resta una delle sorelle, superiora alle Rosine in Chieri. Tal è la mia famiglia. Già nelle precedenti mie lettere t'ho riferito tutto questo. Ne avrai tu ricevuta alcuna? Mi pare impossibile che non abbia potuto giungere nelle tue mani. E altresì t'ho detto che oltre la casa mia, è quasi pur mia per l'affetto che le porto e per le obbligazioni che le ho la casa del marchese di Barolo. Egli è nella pietà operosa e caritatevole ciò che'è un Mellerio[12] in Milano : ed ha in moglie una santa donna che l'agguaglia. Insomma in questo sventurato mondo io posseggo non lieve dose di felicità, avendo il necessario e la consolazione di vivere fra alcuni che mi vogliono bene. La generalità de' Piemontesi, e direi anche degli altri, mi onora di stima cento volte superiore al mio merito. Soltanto un piccolo numero di gente m'è contraria, e sono gente di due diversi colori: gli uni i falsi liberali che predicano l'irreligione e detestano la mia credenza ; gli altri certi ardenti cristiani, che non capisco, i quali a più non posso hanno cercato di mostrare la loro santità, calunniandomi. Lascio dire gli uni e gli altri, e fo la mia strada pregando per tutti, compassionando i fanatici di qualsiasi fazione, e conoscendo sempre più non esservi che un affare solo importante, quello di servire a Dio, e d'operare la nostra salvezza. Porro[13] m'ha scritto qualche volta, e so che sta bene e vive da uomo savio e buono in Marsiglia, senza affratellarsi colle teste pazze che abbondano colà, le quali confondono sì vergognosamente il giacobinismo coll'amor patrio.
Dei nostri antichi amici e conoscenti di Milano sei informato meglio di me. Manzoni fu vedovo e poi riprese moglie; l'animo suo è sempre eccellente.

---

[12] Il conte milanese Giacomo Mellerio (1777-1847). Il Conte Giacomo Mellerio, nato a Domodossola nel 1777 e nominato dagli Austriaci Cancelliere del Regno Lombardo-Veneto, non dimenticò mai la sua Domodossola. Dopo aver fondato quattro borse di studio per giovani poveri che volessero continuare gli studi in seminario e aver acquistato l'allora Convento delle Orsoline per farne la sede delle scuole primarie per bambine, accarezzò il progetto di un complesso di scuole superiori. Mellerio dunque chiamò il cognato, l'architetto Gian Luca della Somaglia, e lo impegnò a costruirgli un palazzo adatto a questo scopo. I lavori iniziarono nel 1816 e il 5 novembre 1818 "Palazzo Mellerio" fu inaugurato. Alla sua morte l'edificio fu lasciato al Comune di Domodossola (http://www.prodomodossola.it/index.php?option=com_content&task=view &id=13&Itemid=27).
[13] Il conte milanese Luigi Porro, presso cui il Pellico aveva lavorato dal 1816 al 1820.

Pare che di letteratura non s'occupi più molto. Neppure io non m'affacendo di cose letterarie. Dopo il libretto *Dei Doveri* non ho più pubblicato che due volumi di diverse mie poesie antiche e recenti, ma tutte di poco valore[14]. Ivi non ho potuto dire altro di te se non qua e là il tuo caro nome. Ti manderò questi due volumi, e tu vi troverai almeno una cosa di buono, cioè il linguaggio del credente. Spero tutto da Dio per me e pel prossimo ; poco spero della sola potenza della ragione umana, e quindi de così detti progressi perpetui della civiltà. Ebbi questa illusione de' progressi, immaginandoli maggiori che non sono.

Or vedo che si perfezionano l'industria, il commercio, ed assai oggetti relativi a materiale prosperità, ma che la povera razza umana rimane sempre tiranneggiata dalle sue colpe, da' suoi sbagli, da un fermento orribile, che v'è per ogni dove, d'invidia e d'ira. Non ostante quel fermento e gl'infiniti dolori che ne risultano, le anime buone vi sono e ve n'ha di mezzo buone, e ve n'ha d'altamente buone. Cosicché siamo, come c'insegna la Religione, in un mondo che val sempre poco, se badiamo all'iniquità, e val sempre molto se lo consideriamo come milizia per fortificarci nella virtù e per guadagnare l'eterna palma. Quest'ultima verità ci dee consolare de' mali nostri e di quelli della società, anche laddove ci paiono più gravi, e maggiormente sentiamo di non poterli scemare né sfuggire. M'affligge la mestizia da cui vedo preso Borsieri[15]. Ell'è un'infelicissima tentazione contro cui bisogna combattere da forte. Oh mio Federico! Io pure conosco quel martirio dell'attristarsi, ma lo rigetto, perché lo stimo inutile e dannoso ; e tuttoché talvolta mi perseguiti assai, non voglio lasciarmi prostrare. Giovandomi a ciò supremamente la Religione ; la interrogo, ed ella mi risponde ragioni efficaci, divine. Anche tu, Federico, facesti crudeli perdite, e non di rado al pensarvi ti si strazierà il cuore. Volgiti a Dio, volgiamoci a Dio, e ci provvederà di pazienza e di forza insino al fine. Io prego talora la tua Teresa come una santa, e sono persuaso ch'è tale, e che dal cielo ora ti protegge. Addio ; saluta gli amici tutti che sono costà ; non so quanti siate. Non

---

[14] S. PELLICO, *Poesie inedite*, Torino, Tipografia Chirio e Mina, 1837.

[15] Pietro Borsieri (1786-1852), collaboratore del *Conciliatore* e autore delle *Avventure letterarie di un giorno*, arrestato nel 1822 e condannato a vent'anni di carcere, venne liberato dallo Spielberg nel 1836 e deportato negli Stati Uniti. Tornò a Milano grazie ad un'amnistia nel 1840. Dopo gli avvenimenti del 1848-1849 fu di nuovo costretto a lasciare Milano e si stabilì a Torino, dove frequentò il Pellico, di cui era amico fin dagli anni della giovinezza. (M. L. ORSINI LALLI, *Pietro Borsieri tra martiri e letterati*, Pescara, Edizioni Aternine, 1961).

dimenticare il pio nostro ed amato Castiglia[16] quando tu lo vedi o s'egli è andato a Stokbridge, quando tu gli scriva. Piacciati di consegnare le qui unite due lettere. Il vescovo che mi portò a Torino la cara tua, mentre io stava in Valle di Sesia, è partito per Roma, e non ho potuto vederlo. Me ne duole molto. Egli m'avrebbe dette assai cose della tua salute, delle cose che avete fatte insieme, dell'amicizia che hai per me, de' tuoi dolori, de' tuoi conforti. Oh! Quanto avrei gioito udendolo e parlandogli!

Amami, scrivimi, e sebbene ti stimino ed amino tutti quelli che davvero ti conoscono, ricordati che pretendo d'amarti con maggiore tenerezza di tutti.

5.

Torino, 11 ottobre 1837[17]

Mio dilettissimo Federico,
questa lettera finalmente ti giungerà senza fallo. Una sola n'ebbi da te, e fu quella che mi mandasti dal vescovo di Detroit, il quale mi lasciò la lettera a casa mentre io stavo a Varallo, cosiché al mio ritorno più nol vidi. Ed oh! Quanto mi dolse di non vedere un uomo che t'aveva veduto, che aveva viaggiato con te varie provincie, che molte cose poteva dirmi di te! Appena ricevuta quella cara lettera tua, o il più amorevole degli amici miei! Ti scrissi e mandai la mia risposta a Genova, donde sicuramente ti fu spedita; ma tu sarai partito d'America prima. Io v'unii que' due volumetti di poesie stampate sei mesi fa, produzioni di poco merito, ma dov'è qualche cenno del mio ottimo e carissimo Federico. Cenno e non più. Il parlare di te abbondantemente non mi fu permesso.

Ma tu dunque non avevi avuto le anteriori mie lettere e tu già m'avevi scritto pure, e nulla mi giunse! Oh come trovai lungo il tuo silenzio dal momento che seppi la tua uscita dalle crudeli mura di Spielberg! Oh come avrei voluto che scrivessimo spesso e molto! Quanto io bramava che ti giungessero le espressioni della mia caldissima amicizia, e quella della mia non meno caldissima ed eterna gratitudine pei soccorsi che m'hai dati in tempi di mio vero bisogno! Tu m'hai raddolcito giorni assai cattivi e non

---

[16] Gaetano Castiglia (1794-1870), arrestato nel 1822 per la sua appartenenza alla carboneria, venne condannato a vent'anni di carcere. Liberato dallo Spielberg nel 1836 venne deportato negli Stati Uniti. Tornò a Milano nel 1840 grazie ad un'amnistia. Nel 1863 fu nominato senatore.

[17] PELLICO, *Epistolario*, cit., p. 153; CONFALONIERI, *Carteggio*, cit., pp. 667-668.

potrò mai abbastanza benedirtene. Tutta la mia famiglia ti benedice e prega per te, per l'amico benefico di Silvio. Questa mia famiglia si compone ora del padre, di due fratelli e d'una sorella; ho perduto, mesi sono la migliore delle madri! Se tu sapessi come questa buona vecchia ti venerava e t'era grata d'aver così generosamente provveduto al tuo amico lontano! Tutti i nostri cuori sono tuoi, ma niuno più del mio. Del mio che tanto ti conosce! Hai fatto bene, mio Federico, a lasciare l'America, e venire almeno nel nostro emisfero, ove più sovente potrò avere contezza di te. Ma chi può capire l'indegna inospitalità della polizia parigina? Tu devi averne sofferto gran dispiacere, e purtroppo ne avrà patito anche la tua salute, che dicono molto squilibrata. Fremo, e ti compiango, e fo voti perché tu risani e goda un po' di pace costà nel Belgio, donde spero niuno ti obbligherà a partire. Mi dicono che quel paese non manca di pregi morali, e ivi troverai alcuni antichi amici, Arconati[18], Arrivabene[19], Berchet[20], etc. possa tu conseguire costà ogni specie di consolazione possibile ad un esule! Saluta per me tutti coloro che stimi veramente amici nostri. Vorrei che tutti contribuissero a confortarti, a renderti meno amara la vita; vorrei che tu avessi tutti i motivi d'esser contento del tuo arrivo in Europa. Ah! La parola *contento* ha un significato modesto per noi, percossi da tante afflizioni! Noi non cerchiamo più le illusioni di una sognata felicità, ma bensì una posizione confortevole in cui non abbondi soverchiamente il dolore. Te l'auguro con tutta l'anima ; e spero che l'avrai, stante l'amore che meriti dagli uomini dabbene, e stante il tuo sentire religioso. Dammi esatta e pronta notizia di te, te ne prego, te ne supplico.

Ed eccoti notizie di me.

Infermiccio sempre, pur vivo, e non ho più così terribili oppressioni di petto come a Spielberg. Mi flagellano quei tristi mali che derivano da squilibrio di nervi, e non si sanno definire né curare, e per lo più mi s'accompagnano con ostinate emicranie. Malgrado ciò non manco di giornate buone,

---

[18] Giuseppe Arconati che era andato in esilio con la moglie Costanza e viveva in Belgio dal 1822.

[19] Giovanni Arrivabene (1787-1881), arrestato nel 1821 e tenuto in carcere a Venezia per sette mesi per non aver rivelato l'appartenenza di Silvio Pellico alla carboneria, dopo essere stato rilasciato, andò in esilio prima in Inghilterra e poi in Belgio. Rientrato definitivamente in Italia nel 1859 venne nominato senatore. Scrisse diverse opere di saggistica tra cui *Sulle società e istituzioni di beneficenza della città di Londra* e *Considerazioni sui principali mezzi per migliorare le condizioni delle classi operaie.*

[20] Lo scrittore milanese Giovanni Berchet.

massimamente nella stagione calda. Ora che i freschi d'autunno incominciano il mal di testa è più frequente e i polmoni respirano con qualche difficoltà. Pazienza! Ma questa così debole mia salute mi obbliga spesso ad astenermi dai libri e da ogni studio. Sono costretto a vegetare. Talvolta mi sforzo ad applicarmi e vi trovo piacere, ma non posso continuare. Sia fatta la volontà di Dio! Del resto amo ancora la letteratura, ma non più colla passione degli anni giovanili, e capisco che il mio ingegno non è fecondo né di primo ordine. I pochi libri che ho fatto hanno avuto un certo successo, ed è soddisfazione anche troppo grande per la mia vanità. Benché io poco legga e poco scriva, non conosco noia né ozio. M'occupo alquanto delle sale d'asilo qui stabilite dal marchese Barolo, e d'altre cosucce di mio genio, e ciò, interpolato con qualche oretta solitaria, consacrata alla preghiera, e con un po' di colloquio in famiglia o tra amici, basta a farmi passare un dì dopo l'altro, non già con allegria - l'allegria non la conosco più - ma con rassegnazione, con pace, con raddolcita mestizia. - Troppa gente m'onora di dimostrazioni di simpatia, nazionali e stranieri ; ma evito spesso il mondo, ed in certi giorni ho tale bisogno di solitudine che non mi lascio vedere da alcuno. Taluni si lagnano della mia misantropia o selvatichezza religiosa ; hanno torto. Non sono misantropo, né inselvatichito da religione, ma addolorato di spirito e di corpo e poco voglioso di vita esternata e di rumori sociali. Ho stretto amicizia con poche persone; i più intimi sono i Barolo, marito e moglie, anime rare, sempre occupate di vera carità e di Dio. Io sono vincolato a loro, non solo come a benefattori miei che m'hanno aperta la casa loro con tutta fiducia e generosità, ma come ad ingegni elevati ed amabili, ed a cuori eccellenti in ogni cosa - Quanto alla politica, ho veduto non essere cosa che mi spetti, e mi limito ad aborrire le malignità e le ingiustizie di tutti i diversi partiti, pregando Dio per gli oppressi ed anche per gli oppressori. La terra è cosparsa di un non picciolo numero d'uomini buoni, e ve n'è anche di savi, ma gli egoisti e gli stolti abbondano. Bisogna pazientare e procurare d'essere savi e buoni e aspettare d'essere felici dopo la tomba, laddove non vi sarà più né stoltezza né egoismo.

Il così detto partito liberale in Italia è sempre molto contaminato d'esagerazioni puerili e peggio che puerili, in gran numero di teste piene di pregiudizi giacobineschi e irreligiosi: effetto d'ignoranza e d'esasperazioni, le quali purtroppo si sono accresciute. Non vogliono capire che, per onorare davvero la patria, convien essere sensato e virtuoso. Il tempo solo può disingannare questi guastamestieri. Sono giovani e li compatisco, perché mi sovviene che fui giovane anch'io quantunque non esagerato come loro - Il nostro buon Porro[21] è fra i moderati e se ne vive saviamente, senza

16

affratellarsi i furibondi. Ci scriviamo di rado, ma spesso ho nuove di lui da gente che viene in Italia. - Non tengo corrispondenza quasi con nessuno essendo difficile il farlo senza eccitare sospetti. Ma bada che con te voglio assolutamente stare in relazione, perché il mio cuore ne ha bisogno. Noi siamo divenuti due amici concordissimi. Pochi ti conoscono e ti amano al pari di me; in poche anime ho trovato tanta armonia di generoso senno e di generosa bontà. Un gran vincolo fra te e me è altresì la comune fede cattolica e il disinganno dei sistemi di saviezza irreligiosa. Amiamoci in Dio, e preghiamo l'uno per l'altro. T'abbraccio teneramente, e sono e sarò sempre il tuo affezionatissimo e riconoscentissimo fratello.

6.

Torino, 17 ottobre 1837[22]

Mio caro Federico,
t'ho scritto a Bruxelles pochi giorni sono, ed ho raccomandato la lettera ad un mio amico, M. Foisset, giudice a Beaurne. Probabilmente l'avrai già avuta, o certo non ti tarderà. Ma sono ansioso di ridirti che penso continuamente a te, e che mi sei e mi sarai sempre quel carissimo che tanto ho apprezzato ed amato nei più infelici giorni della mia vita. Ti prego di scrivermi, e dirmi principalmente come stai di salute, e se l'animo tuo dopo tanti dolori prova alfine qualche consolazione. Scegli tu il Belgio per soggiorno? Respiri tu ivi aria sopportabile? Che iniquità fu quella di non lasciarti in Parigi! Tutti ne fremono, e puoi pensare se io ne frema, io che sono forse l'uomo che più caldamente ti ami. Povero mio Federico! Qual lunga serie di tormenti d'ogni specie! E pur tempo che t'arridano giorni più tranquilli. Non cesso di far questo voto per te; e chi deve amarti di tutto cuore quanto io? Io che tu hai tanto confortato come compagno di sventura, e che hai poscia sì generosamente ajutato! Non ho desiderio più grande che di saperti un poco felice. Ah! *Un poco!* L'esserlo assai non è più possibile per noi sulla terra. Vorrei solo che la tua esistenza andasse abbellita da discreta salute e da consorzio di persone che t'amassero molto. Spero sempre che un dì avrò il bene di vederti, di riabbracciarti. Invidio alla buona e degna Bianca il piacere che ella ha avuto. Subito mi ha dato parte di questa sua gioia e del suo pianto, e di averti anco fatto leggere una mia lettera in risposta ad una tua. V'è in quella donna un'anima non comune; Iddio l'illuminerà! Hai fatto bene a suggerirle lo Stolberg.

---

[21] Il conte milanese Luigi Porro.
[22] PELLICO, *Epistolario*, cit., p. 157.

Felici noi, caro amico e vero fratello, se i mali indicibili che abbiamo patiti, possiamo unirli colla Croce del Salvatore, grazie al dono della fede che ei ci ha fatto! Congiungi le tue preghiere alle mie per tutti i nostri amici, e preghiamo uno per l'altro. Scrivimi presto, e parlami lungamente di te. La mia vita è senza allegria, ma tranquilla e fra anime amorevoli. Ho pochissima salute, ma bastante. L'autunno e l'inverno sono stagioni sfavorevoli pel mio petto e pei squilibrati miei nervi. Pazienza! Io soffriva assai più quando tu eri ancora in catene. Or mi sento lo spirito sollevato, e ciò giova anche al mio corpo.

Sono assai invecchiato, ma ho sempre il cuore caldissimo per amarti, e la memoria eccellente per ricordarmi la tua amicizia sì dolce, sì forte, sì benefica. Addio, mio dilettissimo! T'abbraccio strettamente, e sarò in eterno il tuo affezionatissimo [Silvio]

7.

Torino, 14 dicembre 1837[23]

Mio carissimo Federico,
sai tu che ad ogni momento penso a te, e che tra i molti che ti amano, io non posso credere che alcuno più di me ti sia teneramente affezionato? Bianca m'ha dato nuove della tua povera salute, e sebbene ella speri che i tuoi patimenti sieno più dolorosi che di grave conseguenza, io talvolta m'abbandono all'inquietudine. La mia salute, ordinariamente misera, è spesso soggetta è crolli improvvisi, siccome anche in questi giorni m'è avvenuto ; mi lascia peraltro vivere, e in questi sette anni di ricuperata libertà, ho pur guadagnato un poco di forza. Ciò sembrami essere una malleveria a tuo riguardo. Temo, ma spero; e voglio sperare che risanerai, se non del tutto, almeno notevolmente, in guisa che i tuoi mali sieno comportabili, e qualche volta ti lascino lunghi spazi di tregua, siccome succede a me. E' vero purtroppo, mio dolcissimo amico, che tu hai patito una prigionia molto più prolungata, e che hai sofferto quindi molto più di me; ma io sono di debole costituzione, e nondimeno ho resistito finora. Tu hai avuto da Dio un corpo robusto, in accordo coll'anima mia; il che ragionevolmente fa sperare che riacquisterai sufficiente equilibrio perché diminuiscano tutti i tuoi mali e forse anche guariscano affatto col tempo. Oh Dio lo volesse! - Bianca m'ha detto che quando ti sentirai meglio, andrai nel buon clima di Hyeres. Tu dunque ora non puoi fare questo viaggio. Vedo da ciò che soffri molto molto, e ne sono afflittissimo. E lo vedo altresì da quel

---

[23] PELLICO, *Epistolario*, cit., p. 161.

che tu hai detto a lei, che non ti è ancora possibile scrivere lungamente, e che nello scrivere a me non potresti esser breve; sento la privazione delle tue care lettere, ma non vorrei che ti sforzassi. Aspetta di star meglio, aspetta che davvero i medici ti permettano di scrivere. Io so per prova che talora la fatica d'applicarsi è dannosa. In certe settimane sono anch'io ridotto a non poter fare dieci righe senza essere preso da gravi palpitazioni che mi tolgono il fiato. Fra le cose che la buona Bianca mi dice, v'è il desiderio che ella avrebbe di farti da infermiera. Lo credo. Ella paventa che tu veda troppe persone, e che non ti rimanga il riposo necessario; ella vorrebbe che tu non ammettessi se non pochi amici, e sempre lei. Se il riposo t'è necessario, te lo raccomando anch'io, e te lo raccomando eziandio per esperienza. M'è accaduto talvolta di non sapermi liberare dai soverchi visitanti, e d'impegnarmi a troppa attività di mente e di parole. Le forze non reggono a tanto esercizio di vitalità. Ne provo un illusorio vantaggio, e subito succede una maggiore alterazione di salute. Siffatta ragione contribuisce a farmi stare, per quanto posso, in solitudine, cioè a godere la compagnia di pochi e soltanto in alcune ore. Riempio tal solitudine con dolcezza non lieta, e anzi sovente mestissima, ma che per altro è dolcezza; cioè trattenendomi con Dio, pensando alle nostre infelici vicende e alle infinite miserie di tutta la storia umana, e consolandomi colla certezza delle spiegazioni che ci dà la Fede su tutti i dolorosi misteri della nostra povera vita. Mi consolano anche le armonie che vi sono tra l'anima tua e la mia in fatto di religione, e mi dico spesso che la nostra amicizia sarà anche benedetta al di là della nostra tomba da Colui che ha approssimati tanto i nostri cuori nelle angosce della sventura.

Saprai che ho scritto ad Alessandro[24], dopo aver letto il suo secondo volume: il primo non l'ho avuto. Ciò che m'ha sommamente piaciuto in quel che ho letto, si è la calda manifestazione di stima altissima a riguardo tuo. - Ho inteso alcuni asserire che siasi alzato molto biasimo su quelle *Memorie*. Vorrei che fosse un biasimo non fondato : lo spero - La cosa che m'ha fatto qualche pena nel secondo volume, si è l'aver parlato con un'allegria sì viva delle miserie di Pallavicini[25]. Avrei preferito che vi

---

[24] Alessandro Andryane che pubblicò a Parigi tra il 1837 e il 1838 i suoi *Memoires* sull'esperienza vissuta allo Spielberg.

[25] Giorgio Pallavicino (Milano 1796-Torino 1878) Nobile milanese, nel 1820 andò a Torino con Gaetano De Castiglia e Giuseppe Arconati per prendere contatto con i rivoluzionari piemontesi. L'anno dopo venne arrestato per aver aderito alla setta segreta dei Federati e compromise con le

gettasse piamente il mantello sopra. Anche quelli che danno biasimo a tali *Memorie* amano in Alessandro quella sua affezione segnalata per te. Il tuo nome è caro a tutti. Probabilmente ti sarà stato presentato da Alessandro l'amico che gli portò la mia lettera, il conte Balbo[26]. Egli è uomo di merito e di schiettissimi sentimenti. Chi ti porge or questa è il conte Camillo di Cavour, anch'egli (giovine com'è) uomo di matura e distinta intelligenza il quale fa onore al nostro paese.

Se vedi La Cisterna[27], i Breme[28], i Baldissero, salutali. E così Ugoni[29] e tutti que' tuoi amici che sieno anche miei.

Oh quanto sospiro una lettera tua, amato Federico! Ma, te lo ripeto : non affrettarti. Bada prima d'ogni cosa a risanare. Intanto dì ad Alessandro che mi dia egli le tue nuove, e fagli i miei saluti. Sono ansioso d'intendere che tu stia meglio, e ho paura che la cattiva stagione t'impedisca di migliorare. Sovvengati, mio caro, che sono e sarò indelebilmente il tuo caldissimo amico e fratello.

Silvio

---

sue rivelazioni Federico Confalonieri. Condannato nel 1824 a vent'anni di carcere duro da scontare nello Spielberg, fu trasferito nel 1832 nella prigione di Gradisca, a causa delle sue precarie condizioni fisiche e mentali. Nel 1835 ottenne di essere mandato al confino a Praga. Nel 1837, dopo la pubblicazione delle *Memorie* di A. Andryane, scrisse un libro in cui giustificava i propri comportamenti e rimetteva in discussione l'immagine eroica che Andryane aveva dato di F. Confalonieri. Giorgio Pallavicino si riscattò dalle ammissioni fatte sia durante il processo sia durante la detenzione allo Spielberg, partecipando alle Cinque Giornate di Milano e svolgendo l'attività di senatore nel parlamento piemontese. (A. VANNUCCI, *I martiri della libertà italiana dal 1794 al 1848. Sesta edizione con molte aggiunte e correzioni,* Milano, L. Bortolotti e C. Tipografi-Editori, 1878).

[26] Cesare Balbo.

[27] Il conte torinese Emanuele Dal Pozzo della Cisterna (Torino 1787-1864) che, a causa della sua partecipazione alla rivoluzione piemontese del 1821, era stato condannato a morte e viveva in esilio a Parigi. (F. LEMMI, *Il processo del principe della Cisterna,* Torino, Collegio degli artigianelli, 1922).

[28] Silvio Pellico era stato molto amico del sacerdote e scrittore torinese Ludovico di Breme, morto di tisi nel 1820, e della sua famiglia.

[29] Lo scrittore Camillo Ugoni che era stato uno dei collaboratori del *Conciliatore* e che viveva in esilio a Parigi.

PS. Mi si dice che il nostro buon Porro sia a Parigi. Se così è, abbracialo teneramente per parte mia.

8.

Mio amatissimo fratello Federico,
alfine ricevo dunque una tua lettera, dopo sì lunga privazione, dopo sì lungo desiderio! Io non sapeva neppure più dove tu fossi. M'avevano detto che per motivi di salute non avevi ancor potuto partire da Parigi, e ti riscrissi colà nello scorso mese, in occasione che recovvisi il giovane Cavour. Poi intesi che tu dovevi essere ito a Hyeres, quindi che bensì v'eri andato, ma non per fermarviti. Io intanto pensava ogni giorno al mio ramingo Federico e vi pensava con tenerezza e inquietudine, bramosissimo di aver contezza di te a da te, e m'affliggeva presagendo male della tua povera salute. Ben era certo che se non mi scrivevi, era perché i tuoi patimenti non te lo permettevano. Io non errava in ciò. Purtroppo la fatica che hai fatto nello scrivermi questa cara lettera ti ha costato molto. Voglia il Cielo che tu non abbia dovuto con eccesso soffrirne. Temo, eppure ti sono grato, sommamente grato, d'avermi scritto, e bramo che tu possa scrivermi alquanto spesso. Quando lo farai, poni sempre una sovraccoperta indirizzata : *Al Signor Todros, banchiere in Torino.* Così sarò sicuro che niuna lettera si smarrirà.
Sappi mio povero ammalato, che neppure io non ho ridente salute, e ahimè! È ben lunge dall'essere ridente. Se ascoltassi i miei malannucci non ti scriverei né oggi, né chi sa fin quando; ma il cuore mi comanda di non ritardarti la mia risposta. Anche i miei mali sono in gran parte squilibrio di nervi, e i buoni medici non vi capiscono nulla, né io steso capisco come si soffra cotanto e si viva. Le ore peggiori sono per me quelle della sera e le prime seguenti nella notte, a cagione di un benedetto soffocamento che sembra volermi uccidere. Oh miserie! Ma io fo quel che posso per serbar l'animo in pace fra quel patire, e davvero Iddio mi aiuta ogni volta che penso a lui e a quel gran mistero della Croce.
Certamente ci regola tutto per fini santissimi, e noi dobbiamo benedirlo nelle infermità come ne' giorni più prosperi. Mi sembrano più dure d'ogni male fisico le iniquità degli uomini. Ho torto di fare questa differenza : anche delle iniquità degli uomini non bisognerebbe mai impazientire. Non mi stupisce, amico mio, che la Francia del dì d'oggi non ti vada a genio.

---

[30] PELLICO, *Epistolario*, cit., p. 166; CONFALONIERI, *Carteggio*, cit., p. 798.

Molte cose vi sono bensì da lodare qua e là, ma lo spirito generale mi pare più scarso che mai di sentimenti elevati. Vi si vanta il progresso, ed infatti ve n'è ma più nelle industrie relative al commercio e al materiale, che nella vita dell'intelletto e del cuore. Ah! Forse tutta Europa, e non già la Francia sola è in quello stato! Non vedo schiette ed alte virtù in nessuno de' luttanti politici, e bensì, in ogni fazione, guerre tacite d'astuzia che mi fanno sdegno. Si eccettuino sempre in ciascuna delle fazioni alcuni leali e generosi cuori, ma propriamente sono eccezioni. Mi sono convinto che la parte della società ove non sono tanto rari i buoni, è quella che si mischia poco o niente di politica, e quindi segnatamente le donne. Ivi la superbia non prevale, e gli animi non superbi sono i soli che amino, i soli che ricevano e rimandino qualche raggio della bontà divina.

Come avresti mai potuto, mio caro, non ammirare e non benedire quella sì degna fanciulla americana che ha posto in te la più sincera ed intima amicizia.[31] Io pure nel leggere quelle due lettere di lei così soavi, così egregiamente scritte, così manifestanti un carattere nobile e pio, l'ho ammirata e benedetta. Ti ringrazio d'avermi fatto partecipe di simili due lettere. Quanto ingegno e quanta naturalezza ad affezione in quell'Angioletta! Mi fa anche meraviglia quel suo spontaneo scrivere così giustamente nella nostra lingua ; niuno la sospetterebbe straniera. E dessa forse stata per qualche anno educata in Italia o da persone italiane? Sì, Federico mio, ti ringrazio d'avermi fatto conoscere un'anima tanto meritevole della tua stima ed amicizia, e prego Dio che la colmi d'ogni grazia. Io immagino agevolmente come un cuore di tal fatta abbia simpatizzato col tuo, e facilmente eziandio comprendo il suo desiderio d'esserti consolatrice per tutta la vita. E che dirò dei pensieri che ondeggiano in te fra il ricusare costantemente un nuovo vincolo, oppure determinarviti? Fra il consacrarti o no a Dio solo? Non esiterei di darti un consiglio, s'io sapessi quale? Io credo che in casi d'ondeggiamento fra due partiti possibili ed egualmente conciliabili colla virtù, nessuna umana creatura possa dar consiglio. Prega umilmente il nostro vero, illuminatissimo amico - il Signore - d'ispirarti e sii persuaso che l'ispirazione verrà e farà cessare i tuoi dubbi. Se noi conversassimo insieme di questo affare, non potrei di certo tenerti un altro linguaggio, stante le ragioni che militano nella tua circostanza per un partito o per l'altro. La solitudine e le angosce d'un esule sono tanto dolorose! Chi potrebbe condannarti d'associare la tua esistenza ad un Angiolo di consolazione! Di

---

[31] Mary Sedgwick (1789-1867) la scrittrice che Federico aveva conosciuto durante il suo esilio negli Stati Uniti.

più, chi non vede che assai verisimilmente quella sì buona creatura, nata fra Protestanti, verrebbe da te attirata a conoscere ed amare la nostra Chiesa? Ma se malgrado tali considerazioni, Iddio non ti determina a ciò, e se quindi anteponi il vincere ogn'altro affetto, fuorché le amicizie fraterne, per attaccarti meglio alla Croce, ecco pure una risoluzione santa da doversi applaudire. Ella è la migliore per l'uomo che v'è chiamato, ma non la migliore per tutti. Per abbracciarla bisogna sentirsene la forza. - Io chiudo la mia lettera con assicurarti che unisco le mie preghiere alle tue, affinché il Signore ti faccia eleggere quel partito ch'è più spediente pel tuo bene. - Sii contento ora di queste tre pagine, ma ci scriveremo, ci scriveremo, sempre, sempre! Sino alla fine della vita! T'amo come tra i ferri di Spielberg.
Il tuo fratello Silvio

9.

Torino, 17 maggio 1838[32]

Mio amatissimo Federico.
Tu m'hai dato colla tua lettera del 26 febbraio la migliore delle nuove, poiché mi annunzi che la tua salute, quella salute a me sì cara, va notevolmente rinforzandosi. Poiché Iddio ha voluto che tu superassi tanti anni di sommo dolore, ah, questi altri anni che or ti concede di vita sieno alquanto felici. Io lo so per prova anche oggidì, come i patimenti fisici prolungati attristano sovente lo spirito. Mi fo nondimeno forza e non voglio per quanto posso esser tristo. Il pacco di libri che io t'aveva indirizzato a New-York non era altro che quelle mie poesie in due volumi, che or tu possedi; ed avendo io poi fatto indagini per sapere che cosa ne fosse divenuto, scopersi che giaceva tuttora a Genova in aspettativa di chi doveva recartelo. Quindi l'ho ritirato per non mandarti cosa inutile. Alessandro non mi ha accennato alcuna intenzione di mettermi in iscena nei suoi seguenti volumi. Parmi che non potendo egli rendere manifeste quelle connivenze dei custodi che allo Spielberg ci misero in istretta relazione, egli indicherà solo i battimenti al muro, o altre inezie. Vero è che mi è stato scritto anche da Parigi per mettermi in attenzione sulle possibili imprudenze di Alessandro a mio riguardo. Gli ho scritto su ciò; dicendogli l'avvertimento che mi era stato dato di colà, e soggiungendo che io non voleva credere lui capace di arrischiare asserzioni imprudenti su me. Le mie poche righe l'avranno reso cauto spero, non parendomi ch'egli abbia alcun sentimento malevolo verso di me, e che voglia farmi dispiacere. Ti confesso che il suo

---

[32] PELLICO, *Epistolario*, cit., p. 170.

secondo volume da me letto m'ha fatto (ad onta di qualche motivo di pena) una impressione di contentezza per l'amicizia con che egli dipinge in te quel valentuomo che sei. Sento che tu devi per modestia e delicatezza lagnarti di quella pittura vantaggiosa, che ti mette in ispettacolo più che non vorresti, ma gli amici tuoi non possono lagnarsene. Ciò che più m'incresce in quelle *Memorie,* si è qualche tinta mal velata di irritazione contro uomini, che dovevano, ad onta d'ogni lor debolezza di mente o di cuore, essere dipinti con più carità, perché assai infelici. Questa è la critica sola, che odo farglisi, e l'ho detto ad Alessandro. In libri di tal genere, oh! Quanto è difficile avere una giusta misura su tutte le cose! Certo ne proveremo nuovo rincrescimento, se è vero ciò che ho udito dire, che Pallavacini vuol ribattere in iscritto le offese. Dopo tanti nostri mali una guerra tra quelli che portarono gli stessi ferri, sarebbe brutta. I miei amichevoli scritti spielberghesi sono ricordanze che tu apprezzi, benché di lieve o nessun merito. Godo che ti siano rimasti quali tenui monumenti d'una parte della nostra intima storia; tu sicuramente non sei o non sarai mai tentato di abusarne. Tu capisci che non sono cose da pubblicarsi. Bada quando le fai vedere a qualche persona amicissima, bada che non se ne prenda copia: perché da un copiatore all'altro facilmente può capitarne uno poco delicato. L'aneddoto d'oltre mare è bellissimo. Per altro quelle mie strofe a Napoleone hanno avuto più indulgenza che non meritavano, presso a chi non le riconosce inferiori all'Ode di Manzoni.

Or ritornando allo scrivere memorie, ti dirò ch'io aveva schiccherato per passatempo una mia vita, forse da stampare quando non sarò più. A M. De Latour ho fatto dono di pochi brevi capitoli di siffatta vita, per fornire qualche maggiore interesse ad una nuova edizione che egli vorrebbe fare delle *Mie Prigioni.* Per verità quei capitoli sono semplicissimi e poco attraenti; ma bastano, ed almeno la qualità d'essere sinceri e non nocenti ad alcuno. Mi vi mostro qual sono e come io vivo, non senza qualche patire; ma anche non senza consolazioni. Tu desideri, mio caro, sapere al giusto qual sia lo stato di mia salute. L'inverno rigidissimo ch'abbiamo avuto m'ha dato un crollo un po' forte. Digerisco a stento; aggiungivi quei mali indefinibili che si chiamano di nervi, ed eccoti un vecchierello di ormai 49 anni, che sente il peso di più di 60. Viene ora la buona stagione, e presumo che mi gioverà. Il che essendo già altri anni avvenuto può avvenire ancora per alcune o per molte primavere. E' cosa ragionevole che io aspetti qualche volta lo scioglimento di queste mie forze fisiche, tanto squilibrate e deboli, e che io procuri di tenermivi preparato; ma so che si può campare lungamente anche così. Dacché il freddo s'è moderato, patisco meno, dormo, e quel che mangio mi passa meglio. Faccia Dio. Bene è il vivere e bene è il morire : il voler suo sia fatto sempre. Intanto la mia vita ha una vera dolcezza nel saperti finalmente in libertà, in miglioramento di salute, nel ricevere le tue dilettissime lettere, nel poterti scrivere, nell'amare in te un amico alla prova, un amico raro! Ah, la brama di vederti, di abbracciarti, è una ridente idea che talora esalta la mia fantasia! Ma quando mai potrà ciò effettuarsi? Non certo per ora: le forze mi mancano. Io spero che tal giorno verrà se a Dio piace che io viva, e lo spero tanto che mi par d'averne presentimento infallibile! Oh, ti fosse possibile d'avere stanza in Piemonte, qui vicino a me, qui dove tanti onorano ed amano il tuo nome! Ma purtroppo vi saranno insuperabili ostacoli! Tu vi saresti amatissimo dai Barolo: e già lo sei, perché loro è noto che sei cattolico schietto.

Essi simpatizzano con tutti quelli che son tali, e che tale tu sia è stato loro assicurato da Mellerio. Essi odiano bensì lo spirito rivoluzionario in generale e le particolari iniquità che ne derivano, e ti sarebbero avversi se ti credessero un macchinatore. Ma compiangono me e te, come uomini che ci illudemmo senza esser perversi, come uomini che or ravvisiamo le cose con lente più sicura, quella della religione. La crisi in cui ci siamo perduti era sì straordinaria[33], che tutti i cuori generosi ci compatiscono; nessuno di questi ci confonderà mai colla genìa dei democratici sanguinari[34]. Genìa davvero esecrabile! E questa purtroppo abbonda, e fa disonore e rabbia, ed è oggidì una peste in Italia. Si credono pensatori e son poveri ignoranti esacerbati, che abbagliano la gioventù, e travisano tutto esagerando. E' una pietà il pensarvi! Io non parlo mai di politica, e dispiaccio agli esagerati tanto d'un colore quanto dell'altro; ma ambisco la stima de' savi, e mi sembra di possederla. Il cuore mi dice che le tue opinioni intime sono eguali alle mie, e che la politica ha perduto per te il suo incanto come per me. Iddio valle assai più; teniamo Lui per maestro, per legge, per mira! Diamo esempi per quanto possiamo di costante giustizia e carità: questo e il patriottismo buono: l'altro è illusorio.

---

[33] Io credo che Il Pellico alluda in questo passo alla sua adesione alla Carboneria. Nel 1821 Pio VII aveva emanato, infatti, l'enciclica *Ecclesiam a Jesu Christo* in cui condannava la carboneria e prescriveva la pena della scomunica per qualunque cristiano che ne facesse parte. La condanna di tutte le sette segrete venne ribadita nel 1824 e nel 1825 da Leone XII nelle encicliche *Ubi primum* c *Quo graviora malo* (*Tutte le encicliche dei sommi pontefici*, Milano 1959).
[34] Il Pellico si riferisce probabilmente ai mazziniani e ai loro tentativi insurrezionali.

Nella precedente mia lettera, credo d'aver dimenticato di dirti che non ho pubblicato cose letterarie, se non quelle poche a te note. La smania di far tragedie era perdonabile quand'io era giovine: ora non l'ho più. Romanzi, non ho il talento di farli. La gloria, non l'ambisco per niente affatto. Mi basta pensare, amare, pregare e far voti pei miei diletti, e sospirare d'esser con essi, e sempre amare con predilezione i migliori. T'abbraccio e sai se t'amo, o tu dei migliori davvero!

Il tuo Silvio

Scrivendo a Maria, salutala per me. - Se vedi il buon Porro, salutalo pure.

10.

Torino, 29 maggio 1838[35]

Mio carissimo Federico,

la tua lettera m'è stata e m'è un vero benefizio, amico mio : ella m'ha trovato addoloratissimo per una nuova grande mancanza di persona a me sacra e diletta, il mio ottimo padre. L'anno scorso al San Giuseppe di marzo mi si ammalò la madre, e tosto ella disse che il santo Protettore della buona morte la chiamava, ed infatti non si alzò più. Quest'anno al San Giuseppe di maggio (Patrocinio) mi si ammalò il Padre e riconobbe anch'egli la chiamata. Dopo quindici giorni di malattia, sopportata con gran forza d'animo e pace, il buon vecchio ha terminato tutti i suoi dolori terreni, e ho fiducia che sia passato senza altri dolori al possedimento della divina felicità, tanto egli era pio, retto, amorevole e distaccato dagli interessi umani! Ei s'appellava Onorato e morì nella vigilia di sant'Onorato. E lo diceva, *San Giuseppe e sant'Onorato mi tendono le braccia*. Domandò il Viatico egli stesso, e due giorni appresso l'Olio Santo, dopo di che visse ancora otto giorni, sempre sereno ed in orazione quasi continua. Aveva 75 anni, e s'estinse perché lo stomaco non conservava più forze. L'abbiamo assistito fino all'ultimo respiro Luigi, Giuseppina nostra sorella ed io. L'altro fratello Gesuita stando in Savoia non ha potuto venire a condividere quelle nostre cure così dolci e dolorose. L'afflizione di perdere i genitori è molto relativa; essa è tenue, laddove i cuori sono debolmente vincolati, è grande laddove il sono con molteplice legame di care abitudini e di intime simpatie. I miei genitori erano veramente una stretta parte della mia vita. Ma *Deus dedit, Deus abstulit*! Non c'è che dire : bisogna conchiudere così, sottomettersi, adorare, pensare che sono fortunati *qui moriuntur in Domino*, pensare che fra poco li raggiungeremo anche noi. Oh come queste morti da

---

[35] PELLICO, *Epistolario*, cit., p. 176.

me vedute mi fanno sentire il nulla della terra! Che cosa sono gli anni? Che cosa è il tempo? Come le età volano e tutto sfuma! Anch'io, che ieri era giovine, e l'altr'ieri fanciullo, sono ormai vecchio e già traggo con fatica il respiro, e se pur giungerò qualch'anno più oltre, tutto ciò mi parrà un fugacissimo sogno. Oh mio Federico! Facciamoci santi, innalziamo con potenza ferma e costante la nostra volontà al solo oggetto di vivere in Dio e per Dio, e così morremo per meglio poi vivere in Lui e per Lui!

Godo, mio dilettissimo, che abbia riacquistata miglior salute, e che tu provi ora qualche conforto in Parigi al rivedere parecchi de' tuoi, de' miei cari, al rannodare conoscenze antiche, al formarne delle nuove. Salutami tanto il tuo cognato Camillo, e poi Arrivabene,[36] Berchet, Ugoni, Arconati, Bossi, Collegno ed altri che stimiamo ed amiamo, ma segnatamente La Cisterna; e, se vai da lui, ricordami all'ottima marchesa Di Breme. Purtroppo, mentre mi rallegro di vederti elettrizzato dalla presenza di buoni amici, capisco dovertisi mescolare al dolce non poca amarezza per diverse pene del tuo povero cuore. Come Teresa[37] sarebbe stata gloriosa di vivere di nuovo al tuo fianco ai dì presenti. Oh quanti sacrifizi siamo chiamati a fare su questa terra! E a forza di farne, la vita si scolora, e ci prendono quindi assai più i desideri della vita avvenire che quelli della presente. Ma oltre i sacrifizi non mancano amarezze d'altro genere, e ben comprendo che n'è una increscevolissima per te l'aver dovuto venire a rottura con Andryanne. Dopo la promessa che gli avevi chiesta, ch'ei t'aveva fatta, non credersi vincolato a mantenerla! Ne sono stupito, e piglio parte a tutto il dispiacere che tu ne provi. Non potrò mai pensare che tu ti sia mosso a quella rottura senza aver conosciuta l'impossibilità d'evitarla e d'ottenere da lui il mantenimento della parola. Ei fa non solo un'immensa perdita nel non averti più per amico, e per di più cadrà di credito presso tutti e se ne accorgerà in mille guise. Ma vorrei ancora sperare ch'ei rimediasse alla cosa, sopprimendo, correggendo, mutando ed insomma non pubblicando nulla di contrario alla sua promessa. Lo vorrei davvero, ma tu non mi lasci quasi speranza. Ora intendo più che mai ciò che già m'era apparso allo Spielberg circa alla vostra difficoltà di vedere le cose allo stesso modo e allo sforzo di pazienza e prudenza che ti conveniva di fare per convivere con lui.

Ciò che più mi sorprende, si è che, dopo di aver attestato dinanzi al pubblico un'ammirazione ed amicizia senza limiti per te, abbia potuto indursi ad operare in guisa da costringerti a respingere quell'amicizia. Che razza di

---

[36] Il conte mantovano Giovanni Arrivabene che viveva in esilio in Belgio.
[37] Teresa Casati, la moglie di Federico, morta nel 1830.

contraddizione! Ma non posso giudicarlo, non lo comprendo, non lo conosco abbastanza. Bensì conosco te, e so che non operi alla leggera. Tu mi chiedi, caro Federico, una bella nota di libri che possano piacere all'angelica Maria, e di cui ella possa profittare. Suppongo che tu voglia parlare di libri solitamente italiani, e penso che di questi, ella già possegga gli scrittori principali, che fanno la gloria della lingua, un Dante, un Petrarca, un Boccaccio (ben inteso castigato) e Tasso ed altri. Noi apprezziamo poi i nostri numerosi storici da Dino Compagni e dai Villani in qua, ma non parmi che sieno egualmente importanti per persona straniera, che sicuramente conosce la sostanza delle nostre storie dai libri del Sismondi, del Roscoe, ecc, libri fatti con metodo e chiarezza da appagare quanto basta, tanto per le vicende politiche quanto per le letterarie. E' pur una verità di cui bisogna convenire, che sebbene la letteratura italiana sia ricca di cose buone per la nazione, e sebbene fra esse s'annoverino produzioni giustamente degne d'ammirazione universale, tuttavia non è una letteratura che fornisca con abbondanza libri nuovi da pascere la amabile curiosità degli stranieri colti. tu avrai detto tutto ciò a Maria, e se non gliel'hai detto, diglielo, e soprattutto informala della estrema nostra scarsità di romanzi, mentre questi sono infiniti presso altri popoli. Ciò essendo, il numero dei libri nostri proponibili si ristringe molto, a segno che non so come cominciare la mia famosa nota. - Fa' che Maria abbia tutto Manzoni, cioè non omesso il suo aureo libretto della *Morale Cattolica*. Siccome quell'angioletta ha un'intelligenza elevata, mandale le opere dell'abate Rosmini, uomo di potenza d'ingegno veramente grande per filosofare e dimostrare come le indagini filosofiche possano e debbano esser consone colla Religione - Non v'ha dubbio che i due primari ingegni viventi in Italia, conosciuti per opere pubblicate, sono Manzoni e Rosmini. Poniamoli dunque in cima dei nostri scrittori più moderni, e poi aggiungiamo alla nota... che cosa? Vi sarebbe Pellegrino Rossi per questioni legislative, ma egli scrive in francese. Certo è che nella sua scienza è una mente d'ordine altissimo. - ma insomma la nota, la nota! Viene o non viene! - non v'è al mondo impiccio più grande di questo! No, non v'è modo di fare una nota di libri nuovi per una donna gentile, quando trattasi di nazione che non ha romanzi né novelle di fresca data, laddove brillino originalità e grazia. Non commedie che eguaglino quelle del Goldoni, non tragedie che eguaglino quelle dell'Alfieri, non poesie che spicchino di luce potente, non sublimi pitture morali! - Vero si è che l'Italia è piena d'ingegni in tutte le città, e che in ogni secolo essa mantiene la sua riputazione di colta, ma ciò non fa che sia feconda di libri amabili, istruttivi, luminosi. Inoltre è da osservarsi che noi siamo in un periodo sventurato, provandosi ora non poche tristi conseguenze delle nostre vicende politiche. Migliaia di giovani di buone speranze sono stati annichilati dagli esili, dalle carceri, dalle esasperazioni loro ed altrui. V'è una lacuna di spiriti producenti, e quelli che producono s'accontentano di modesti lavori, di compilazioni, d'indagini erudite, d'articoli di giornale.

Ma tu sapevi tutto questo, e forse avresti voluto ch'io ti dessi non già una nota di soli libri italiani, bensì una di libri europei in generali, per vedere se i nostri gusti concordano, e se posso suggerirti cose che sieno sfuggite alla tua attenzione. - Qui ti dirò che ai nostri giorni mi paiono due grandi opere la *Storia del Pontificato* di Ranke, e quella del *Pontificato d'Innocenzo III* di Hurter. - Quei due scrittori tedeschi hanno una forza mirabile di raziocinio ed una lealtà generosa. Se Maria sa il tedesco, può leggerle nel testo medesimo, altrimenti mandagliele tradotte. - Non mancano libri nuovi francesi, ma ne leggo pochi : uno che mi è sommamente piaciuto per la sua santa e dolce grazia, sì è la *Vita di S.Elisabetta* di Mr. De Montalembert. Un dì mi piacevano La Mennais et Lamartine, ma ora mi fanno compassione, dacché li vedo persuasi esservi una verità più completa nelle loro fantasie, che nella Chiesa Cattolica - Invece di dirti che leggo pochi libri francesi, debbo dirti che ne leggo pochi moderni d'ogni genere. Quel mio giovenile bisogno di divorare volumi e di farmene alimento all'intelletto, m'è passato: ho troppo veduto che coll'arte di scriver bene, si sostengono splendidamente tutte le tesi, nobili ed ignobili, giuste ed inique, ed ahimè! Ho anche veduto esser troppi gli scrittori che m'incantavano con bellezze tutte di maschera, e niente di coscienza. Oh! La sincera coscienza perché mai è sì rara? Senz'essa, l'ingegno divino diventa infernale.

Tu, ed altri buoni mi consigliereste a scrivere, a procurar di esercitare un certo dominio sulle menti per trarle al bene, e nell'eccesso della vostra amicizia vi esagerate il mio potere intellettuale. Ottima è la vostra cara intenzione e seguirei il consiglio se potessi. Mi manca salute, mi manca quel pungolo d'ambizione e di speranza che sprona, mi manca la fiducia nelle mie forze, le quali davvero conosco deboli.

Sono un uomo che ha poco fiato, un uomo che siede poco distante dalla sua tomba, e sorride alle voci che gli dicono: Sorgi!

Sì, amico e fratello mio, sorgerò, ma non più sulla terra. Qui la mia parte è omai finita, e se or ve ne ha una, ell'è di patire e amare in silenzio. Del resto è assai verisimile, che se invece di pochissimi volumi da me scritti, ne avessi dato ancor parecchi al pubblico, l'effetto sarebbe stato minore. Si direbbe : - Ei fa, come gli altri, il mestiere di autore per crescere di fama e di lucro; e vuole occuparci senza fine del suo merito.

Iddio che mi niega sanità e lena, sa quel che fa per me e per gli altri.

Forse sarei diventato troppo smanioso di gloria, e la mia superbia avrebbe guastato ogni cosa, siccome ad altri testè è avvenuto. - Addio. Saluta costà i nostri amici, e saluta anche come amici miei, benché io non li conosca di persona, quei tre degni apostoli di cui mi parli, il vescovo di Detroit, il parroco di S.Rocco e Mr Gerbert. Pregate tutti per me. Menzionami al conjugio Montalambert che amo e a cui desidero ogni bene, ogni divina grazia.

Ti sono riconoscente di tutto ciò che mi scrivi, anche delle notizie de' nostri in America. Tu dunque speri per loro il richiamo in Lombardia? Io confesso che poco lo spero e meno poi certamente per te. Volesse il cielo ch'io m'ingannassi! - Circa il rivederti ancora in questo mondo, ne ho tal brama, che parmi quasi presentimento. Dove? Quando? Potessi andare anch'io in agosto ad abbracciarti in qualche punto non inospitale della Svizzera! - Frattanto uniamoci in Dio, amiamoci sempre. T'abbraccio teneramente e sono il tuo affezionatissimo.

Federico Confalonieri.

11.

Torino, 8 luglio 1838[38]

---

[38] PELLICO, *Epistolario*, cit., p. 181.

Carissimo Federico,

dacché ho ricevuto la tua buona e cara lettera, portatami dal cavaliere Sauli, i miei malucci m'han dato poca tregua, e fui talmente sotto l'impero loro, che non ho potuto risolvermi prima d'oggi a scriverti. Lo fo, e ciò vuol dirti che sto alquanto meglio da due giorni; cioè respiro con minor fatica, e non ho più le notti così insonni ; il che è gran benefizio pei miei nervi. Il caldo accresciuto dell'atmosfera non mi nuoce, ed anzi mi fa bene. Tiriamo dunque avanti, e viviamo finché piace a Dio. Sia desso mille volte ringraziato dell'aver migliorato la tua carissima salute! Porro mi scrive che hai riacquistato pienamente il tuo buono e vigoroso aspetto di vent'anni fa. Voglia il cielo che all'aspetto tuo corrisponda sostanzialmente la salute. Ho inteso con rincrescimento da Porro non esserti conceduto l'andare ad abbracciare in Isvizzera padre e fratelli; penso ch'essi faranno qualche miglio di più, e avrete la consolazione di vedervi in Francia. Se Porro non s'illude, v'è assai probabilità che a tanti dolori succeda per parecchi, e segnatamente per te, mio dolce amico, il bene di poter rientrare in Lombardia. Temo e spero e chieggo a Dio vivamente questa grazia. Il vivere in patria è accompagnato da infinite dolcezze che mancano in paese straniero, benché sieno dolcezze a cui, per te e per altri, si mescerebbe non poca dose d'amaro. Ah! Se ciò avvenisse come saremmo vicini! Come si combinerebbe il passar talvolta qualche giorno assieme! Parmi che la tua presenza e la tua voce mi risusciterebbe, s'io fossi morto. Dimmi intanto se nutri davvero questa speranza, e con valido fondamento. (Quando mi scrivi, indirizza ora, senza'altra sopracoperta, le tue lettere a *Silvio Pellico in casa Barolo*). Non posso dirti quanto i tuoi caratteri mi recano conforto. Ivi scorgo tutta l'anima tua, e quantunque più mesta che lieta, ella tempra la mia mestizia, e la fa dolce. Mi rincresce in un verso, ma mi piace nell'altro, quel sentimento che hai tu pure dell'insufficienza delle cose umane; sentimento penoso, ma ineluttabile, giusto, salutare, e condizione impreteribile per gustare il Vangelo. Giacché tutto è imperfetto e fuggevole nella vita umana, che dobbiamo noi fare? Essere coerenti della nozione di tal verità, e rinunziare ai prestigi del mondo, e volere ciò che vuol Dio; altrimenti è fanciullaggine troppo manifesta e colpevole. Benché Parigi abbia copia di meriti, dubito che alla lunga tu te ne trovi contento, appunto perché parmi debba essere difficile a te, così noto, così mirato, così cercato, l'avervi bastante ritiratezza e pace. Certo, che anche in Milano ti circonderebbero e compaesani e stranieri; ma più agevole ti sarebbe, se non erro, tanto il farti ad ore opportune un'atmosfera omogenea, quanto il ritrovare un po' di solitudine secondo il tuo cuore. Non so veramente

31

nemmen che cosa augurarti, ma so che ti vorrei ricolmo di sollievi e di consolazioni, e che il pensare a ciò mi agita, perché t'amo con tutta l'anima. Or Milano mi sorride per te, or niente affatto; or mi sembra inverisimile che ti si conceda di rimpatriare, or accolgo con piacere le voci che corrono circa tale possibilità. In questi miei dubbi non so che fare altro, se non pregare tutti i giorni il Signore per te. Provveda egli sì, che i tuoi mali si alleggeriscano, e i tuoi beni diventino maggiori! Una così gran parte della tua vita s'è passata in sommi dolori; oh! Il resto che ti è serbato sulla terra, fosse almeno sparso di dolcezza.! - Intanto proseguiamo ad armarci di coraggio, e quest'arme chiediamola a Dio: egli, in giorni di diverse ed orribili angustie, non c'è l'ha negata, e non ce la negherà mai, se poniamo in esso ogni fidanza. Tutta la nostra condotta sia un culto che l'onori, e serva di edificazione a coloro che tengono gli occhi su di noi. La sventura ci ha esposti agli sguardi di un gran numero di spettatori; il nostro obbligo di glorificar Dio è quindi maggiore; né certamente la sventura c'è stata mandata per altre mire, che di migliorarci, e di darci un'influenza salutare sugli animi altrui. Applichiamoci spesso, malgrado la nostra indegnità, quelle divine parole : *sic luceat lux vestra coram hominibus, ut videant opera vestra bona, et glorificent patrem vestrum qui in coelis est.*
Tu ti lagni di non vivere abbastanza in Dio e per Dio, e biasimi le tue interne contraddizioni. Non però mi spaventi. E chi può dirsi contento di sé? Nondimeno badiamo a non prolungare queste nostre contraddizioni; e que' miracoli che non possiamo operare, Iddio li opererà. Spero di veder presto la Cisterna. Non ho potuto ancora andare a Reano a vedere sua sorella - Saluta lui e gli altri amici. Tu mi chiedi conto dell'abate Foisset; non so se sia a Parigi, ovvero a Beaume, sua città nativa. Io nol conosco personalmemte; bensì conosco un monsieur Foisset suo fratello, uomo di merito distinto per coltura e religione, il quale, tre anni sono, venne di qua dell'Alpi, e m'ispirò particolare simpatia. A lui mandai la mia prima lettera per te, ed egli te la fece pervenire per mezzo del suo fratello, che era a Parigi. - Cotesti due fratelli sono unitissimi d'affetto e di principii religiosi. Essi hanno di recente pubblicato le opere di monsieur Raimbourg, ottimo pensatore cattolico, loro amico. Sono tre volumi da leggersi, e forse Maria li gradirebbe. Foresti[39] m'ha scritto una lettera assai onorevole, e m'ha fatto

---

[39]Felice Foresti (Argenta [Ferrara] 1789 - Genova 1858) Nel 1817 ottenne la carica di Pretore a Crispino in provincia di Rovigo. Nel 1818 venne arrestato per aver organizzato una vendita della Carboneria e venne condannato a vent'anni di carcere. Dopo la liberazione dallo Spielberg venne deportato negli Stati Uniti, dove ottenne una cattedra di letteratura

piacere. Gli risponderò, ma un altro dì. Tante cose a Bianca,[40] se la vedi. Ella ha fatto qualche passo importante, ma vorrei che progredisse; vorrei che facesse uso della sua anima forte per abbracciare la croce del Cattolico, Apostolico e Romano, per alzarla con amabile gloria, e mostrare che non è vero ch'ella sia arrugginita, e barbara, e nemica della sapienza, né che fuori della nostra Chiesa materna vi sieno croci più venerande. Hai tu sempre Camillo con te? Pregalo di volermi bene V'abbraccio entrambi di tutto cuore, e sono il tuo Silvio.

12.

Torino, 14 novembre 1838[41]

Carissimo mio buon Federico,
quando La Cisterna venne a dirmi che ripartiva per Parigi, io voleva per mezzo suo mandarti finalmente una lettera per dirti quelle tante cose che non sono mai nuove, ma che sempre fra veri amici si dicono e si odono volentieri. Ed in quei giorni io stava bene, comparativamente alla solita salute, ma quel bene era così lieve, che a un tratto svanì, e più non ebbi lena finora a scrivere una lunga lettera. Comincio di nuovo ad aver notti meno insonni, e a respirar meglio, e questo è un'altra volta ciò che io chiamo star bene. Era mia speranza che l'indulto imperiale ti procacciasse modo di ritornare prestissimo in Lombardia, e che indi io stessi per avere quanto prima la consolazione d'abbracciarti. Dicevasi perfino (l'avrai inteso da La Cisterna) che già eri frettolosamente passato qui senza fermarti; questo poi io non lo credeva, parendomi impossibile che, anche nella più incalzante fretta, tu passassi in questo paese, senza rivedere almeno un istante il tuo Silvio. Dacché non t'ho scritto, mio caro, sono spuntati giorni assai assai dolorosi per me. Avrai udito la morte d'un uomo eccellente, che aveva un cuore simile al tuo; il marchese di Barolo. Ho provato poche afflizioni così

---

italiana alla Columbia University. Entrato in corrispondenza con Mazzini fondo a New-York una Congrega della Giovine Italia. Tornato in Italia nel 1856, si allontanò dal Mazzini e si avvicinò a posizioni politiche più moderate. Negli ultimi mesi della sua vita ricoprì la carica di console degli Stati Uniti a Genova. (A. VANNUCCI, *I martiri della libertà italiana dal 1794 al 1848. Sesta edizione con molte aggiunte e correzioni*, Milano, L. Bortolotti e C. Tipografi-editori, 1878; *Dizionario biografico degli italiani*, s.v. Foresti, Felice Eleuterio).
[40] La pittrice e patriota Bianca Milesi Mojon.
[41] CONFALONIERI, *Carteggio*, cit., p. 895.

vive e profonde, come a siffatta perdita. La sua povera moglie era in viaggio con lui. Vedutoselo morire in tal guisa, in un misero albergo di Chiari quasi subitamente, la salute di lei ne fu sconvolta, e quindi a Torino le si spiegò una grave malattia, da cui a stento si rimise. Donna fortissima, ma giustamente amantissima di suo marito, si sottomette al voler di Dio, ma non può ancor gustar consolazione. Ah! Chi muore dopo una vita benefica e pia, è da invidiarsi! Il sopravvivere agli amati è crudele. In un anno ho perduto ambo i genitori, e quest'uomo che m'era quasi fratello. Puoi immaginarti quanto io abbia avuto bisogno d'aiuto divino per reggere a questi intimi dolori! Io era in que' giorni d'indicibile mestizia, quando mi giunsero una lettera d'Alessandro, e una di sua cognata. Ei diceva aspettare un'occasione per inviarmi le sue *Memorie*, e parlavami dell'intento buono che gliele aveva fatte scrivere. Non gli ho ancora risposto. Ei non mi dice nulla della vostra scissura - nemmeno la cognata. Bensì accennava dispiaceri inaspettatamente provati, senza qualificarmeli.

Pochi giorni fa, ho avuto una lettera del buon Porro, il quale mi dice essersi ritardate fino all'anno venturo le sue speranze di rimpatriare.

Narrami che vita fai. So da La Cisterna che sei rinvigorito, riabbellito, ringiovanito. Ne godo, e oh quanto vorrei che tu fossi felice! Salutami la gentile Angioletta Americana, quando le scrivi. Passi tu l'inverno a Parigi, o vai tu di nuovo nel mezzodì della Francia? Oppure hai tu fiducia d'ottenere il sospirato ingresso in Italia? Perdonami il mio lungo silenzio, e in segno di perdono scrivimi; scrivi a quel Silvio, che tanto particolarmente ti è amico del cuore. Della vita ch'io fo, non v'ha nulla di notevole da dire; è quella del malaticcio afflitto, che procura di alleggerire i propri dolori, evitando di lagnarsene troppo, e che va spesso rammemorando a sé medesimo il dovere della rassegnazione. Fra i miei vari pensieri, uno dei più dominanti e dei più dolci si è quello dell'amicizia che a te m'unì in carcere, che a te m'unisce finché vivo, che a te m'unirà in cielo. T'abbraccio teneramente.

Salutami La Cisterna, se ambi siete a Parigi. Addio mio buon Federico. Quando mai sarà che ci rivedremo.

Il tuo affezionatissimo amico Silvio

13.

Torino, 26 gennaio 1839[42]

Mio dilettissimo Federico,

---

[42] PELLICO, *Epistolario*, cit. , p. 187.

34

da lungo tempo ti son debitore di risposta, ed avrai forse pensato ch'io molto patissi l'inverno; tuttavia non ho peggiorato di salute, e debbo anzi lodarmi della stagione, che è straordinariamente mite nel nostro paese. Ma avendo pur sempre penose le ultime ore della giornata per la respirazione, e mancandomi quindi il modo di riposar bene la notte, m'alzo meno per tempo che in passato, e rimango sì poco in lena per le cose che vorrei e dovrei fare, che me ne vergogno a ragione, ma senza frutto. Così sto vivendo inutilissimo più che mai, non sapendo perché io mi lasci sfuggire a quel modo le settimane, e comprendendo solo che non ho mai valuto gran cosa, e che ora non valgo più niente affatto. Eccoti, mio povero Federico, come quell'amico a cui hai dato tante prove di particolarissima bontà e simpatia, se ne giace stupido e pari ad un ingrato, invece di poterti recare qualche conforto coll'attività dei suoi pensieri e col calore del cuor suo. Eppure nel dare a me stesso questi rimproveri, inclino a compatirmi; perché sento che una precoce vecchiaia mi tribola, come se io avessi il doppio degli anni miei, e perché in mezzo alla mia inutilità, sento nondimeno che il mio cuore è tutt'altro che gelato per te. Ah non lo è per nessuno dei miei buoni compagni di sventura! E mi affliggo profondamente, lasciando spesse volte al giorno cadere il mio pensiero in te e negli altri cari, così ritenuti fuori di patria, dopo quelle stupende e illusorie interpretazioni che tutti davano alle parole dell'indulto. Come infiniti animi s'aprirono stoltamente alla gioia, credendo che niuno di voi venisse escluso da quella tanto vantata amnistia.! Io aveva da prima esitato ad accogliere siffatta speranza ; poi mi vi era abbandonato come gli altri, né più dubitava che fosse possibile un mutamento di disposizione. Io già considerava quasi uno dei più bei giorni della mia vita quello del tuo passaggio a Torino, e mi figurava che il nostro buon Porro ed altri farebber questo lieto passaggio teco. Lo sciogliersi di quel ridente sogno m'ha colmato il cuore di mestizia. Taluni or mi vorrebbero consolare col dire che non è un benefizio assolutamente ricusato, ma soltanto differito; mi sarebbe dolce sperare, e quasi non oso più. Possibile che Borsieri e Castillia abbiano preso la risoluzione di riattraversare l'Oceano e venire in Francia, senza essere assicurati di poter rimpatriare? Sono dolentissimo dell'inganno che loro sorrise. Le poche righe di Castillia mi sono care. Borsieri non m'ha ancora scritto, e non so dove si trovi. Ah benché tu ragioni con profonda giustezza nel rassegnarti a non riveder forse più la terra ove sei nato, pur tu senti con angoscia quanto sia crudele il non poter andare a porgere qualche filiale conforto agli ultimi giorni del tuo buon vecchio padre. Infelice lui! Ed infelice te, mio povero Federico! Il tuo dolore è santo, come i pensieri di cristiana rassegnazione con cui cerchi di sostenerti, considerando che la nostra vera patria non è

35

sulla terra. Poiché tutti gli altri miei voti per te sono vani, almeno vedessi io che tu potessi scegliere qualche dimora che non ti fosse scarsa di dolcezza e che ti conservasse in buona salute! Parmi che cotesto vivere nomade ti debba esser amaro. Vero si è che in ogni paese tu trovi gente che ti stima ed ama, o per antica conoscenza, o per quel giusto interesse che ispirano le tue sventure e il tuo carattere; capisco che ciò non basta ad appagare l'anima afflitta e bisognosa di sollievo, ma pur quella generale simpatia dee lenire alquanto le tue meste ore. Che dico? Ah no, mio diletto amico! Tu ed io, e mille altri infelici come noi, siamo tanto disingannati, che più non ci bastano i fuggevoli sollievi, più non ci fanno illusione. Così ogni giorno provo in me stesso; e se questo sentimento è penoso, ha tuttavia un pregio di sommo valore, che dobbiamo stimare più degli altri beni; cioè l'impulso che dà ai nostri cuori verso le verità non passeggere, ma eternamente regnanti al di là di queste irose politiche della terra, che sono sempre una lotta di forza più che di giustizia, e un avvicendarsi di colpe e di sbagli.

Ho saputo che il nostro Giovanni Arrivabene era a Magadino, ove in luogo di ricevere favorevole risposta per rimpatriare, gli era giunta la ripulsa, e gli ho scritto. Egli mi rispose con quel suo cuore sempre eccellente e pieno d'amicizia, ed informommi della determinazione da lui presa di emigrare legalmente, il che gli viene conceduto.

Ad Andryane non ho più scritto dopo lungo tempo; e ciò che gli aveva detto sulle sue Memorie, non era un assalto ostile, ma nemmeno un'approvazione; ed anzi non tralasciava d'esprimermi con biasimo, scusandolo soltanto della sua buona intenzione. Un mese fa ei mi riscrisse insieme con Madama Andryane per lagnarsi di non aver avuto risposta alla sua ultima lettera. Io risposi a Madama Andryane[43] poche righe cortesi, e non una riga a lui; trovavami in quei giorni costretto al riposo da' miei incommodi, e in vera impossibilità di scrivere lungamente; ma la mancanza assoluta di qualche riga per esso gli sembrò inesplicabile, e se ne dolse. Io intanto continuo a stare in silenzio con lui, increscendomi di dirgli cose che inutilmente gli rechino pena.

Hai tu di nuovo migliorato di salute, dacché sei a Marsiglia? Voglia il cielo! Dammi, ti prego, le tue carissime nuove, e non mi punire del mio sì gran ritardo a risponderti. Informami della sorte di Borsieri. Spero che avrai buone nuove degli nostri ottimi amici d'America ; quando scrivi, dirai che il mio cuore li ama profondamente. Addio, mio dilettissimo e generosissimo

---

[43] Pauline Andryane, cognata di Alexandre Andryane, compagno di cella allo Spielberg di Federico Confalonieri. (A. VANNUCCI, *I martiri della libertà italiana,* cit. , pp. 152-154).

amico. Iddio ti colmi di conforti. Credi che t'amo con tutta l'anima e per sempre.

Il tuo Silvio

14.

Mio dilettissimo Federico,
tu scuoti dal letargo non il mio cuore, che sempre ha fortissima vita per amarti, e tal l'avrà sempre, ma il mio braccio impigrito e pizzicato dai reumi, e la mia testa coronata di non so quali dolori nervosi, inetta, stupida, vogliosa di serenità, e pur sovente oppressa da mestizia che condanno! Oh che dolce, buono, generoso amico tu sei ognora! Quanto bene mi fa questa tua lettera, questo rammemorarti di me con tutta quella viva amicizia! Te ne ringrazio, te ne benedico. Non merito la parte che mi dai nel tuo eccellente cuore, ma l'apprezzo altamente. Sappi ch'io aveva veduto dalle Gazzette francesi la tua partenza da Marsiglia per Algeri, e solo ignorava il tuo ritorno. Io aspettava di saperti reduce in Europa per iscriverti. Godo che tu sia stato ispirato di fare quel viaggio, poiché t'ha procurato sensazioni così animate e belle e profonde. Ah voglia arridere il Signore a quel nuovo raggio di luce cattolica penetrato nella patria di Sant'Agostino, e vi mandi molti apostoli in cui, oltre la fede, abbondi quello spirito amabile di bontà che tanto giova a convincere! Siffatto spirito l'hai trovato nel santo vescovo Dupuch, ne' suoi collaboratori ecclesiastici, nelle diverse Suore. Capisco, mio Federico amatissimo, le intime gioie che v'hai assaporate, le cristiane brame onde ivi s'accese l'anima tua, il plauso cordiale che hai dato a quei magnanimi fedeli. Che differenza dall'operare apostolico con tante pene, stanchezze, sacrifici e sforzi di costanza e di pazienza, al blaterare dei ragionatori, come purtroppo son io, sempre gridanti Umanità, Incivilimento, Virtù, Religione, senza far nulla di buono! Ma Iddio pure è tanto desideroso di beneficarci, che valuterà anche i nostri desideri, e l'adesione che tributiamo al bene operato dai più magnanimi suoi servitori. Io mi sento inetto, e me ne vergogno; tuttavia confesso che traggo buon augurio per mio conto, dalla grazia che Dio mi fa d'esultare delle virtù altrui, e delle speranze che sfavillano ad onore della nostra Chiesa. Insieme colle altre soddisfazioni di cui ti sono state proficue quelle belle spiagge africane, v'ha pur guadagnato la tua salute, passando dal febbraio in una stupenda primavera; e di ciò mi rallegro altresì assaissimo, non parendomi altrimenti

---

[44] PELLICO, *Epistolario*, cit., p. 191.

che un miracolo una salute tanto migliorata, dopo il cattivo stato in cui l'aveva posta la lunga prigionia. Possa tu conservarti in simili forze, e senza dolori per moltissimi anni! Possa tu essere in ogni guisa benedetto dal Cielo, in compenso di quel troppo che hai patito , ed in guiderdone delle fraterne carità, che hai avute per me e pei nostri compagni di sventura! Non so esprimerti quanto è il bene che ti auguro, quanto è l'affetto che ti porto, e quanto ti credo migliore che non credi tu stesso. Tu ti accusi di conoscere vani gl'impacci del mondo, e di non essere per altro interamente libero di cuore. Inclino a pensare, che ti giudichi con quell'occhio severo di rimprovero che appunto stimola ad accrescere il merito. Da ammirarsi sono quelli che fuggono affatto il mondo, per consacrarsi ad apostolato o a solitudine santa; ma certo si è che le vocazioni sono moltiformi, e che si può vivere nella città, e non vestir tonaca, rimanendo per altro in dolce servitù ed amicizia con Dio. Deh! Persuadiamoci che siamo di questi, giacché non ci sentiamo impellere dalla sua chiamata a carriere straordinarie. Bensì, mio amatissimo Federico, aspiriamo dalle nostre posizioni a perfezionarci. Sta in mezzo al mondo, se così vuole il Cielo, ma stavvi, stiamovi per edificarlo. Nella nostra gioventù filosofavamo troppo imperfettamente, troppo senza coerenza e senza base; or la nostra filosofia sia di continuo quella del Redentore. Glorifichiamo la sua amabile e sublime dottrina, in tutte le nostre relazioni con lui e colla società. Manteniamoci nell'assunto d'esser discepoli di lui, e d'amarlo per forte senno, per forte volontà, per forte gratitudine. Ti ringrazio di tutte le notizie che parimenti mi dai degli amici. Due giorni sono, ho ricevuto una buona lettera di Bruxelles, scritta in due da Arrivabene e da Borsieri. Io con vero ed indicibile rincrescimento non posso volare, come vorrei, ad Antibo, e ahi, solamente col desiderio mi lice abbracciarti. Non già che la mia salute sia tanto grama. Le circostanze son quelle che me lo vietano. Molto più debole della mia è la salute della marchesa di Barolo, e sono in dovere di non allontanarmi da essa. Tu passerai qualche giorno contento coi tuoi ottimi zio e zia, e così il nostro Castillia col suo parentado. Invidio tutti quelli che si troveranno ivi al tuo fianco. Puoi immaginarti quante volte penserò a te in queste settimane! Ah! Le speranze di amnistia si realizzino una volta! Niun ne sarà più beato di me, che allora avrò la consolazione di ristringere tra le mie braccia il mio dilettissimo Federico.

Quella partecipazione fattavi dall'ambasciata a Parigi, sembra anche a me di buon augurio, e alquanto m'allegra: ma deh omai non si tardi! Già sì lunghi e dolorosi sono stati gli indugi! E se continuano a tardare, tu ritornerai di qua delle Alpi ; ma Dio sa se questi miei malucci non mi avranno mandato sotterra! Eppure il cuore mi dice che noi dobbiamo ancora rivederci quaggiù, e lo bramo intensamente oltre ogni dire. - Non ho difficoltà a quanto Bianca richiede, e lascio a te la scelta, a te solo, che sei un altro me stesso. Quella nostra buona e generosa bianca, dovrebbe pur fare un passo di più nella fede! Che edifizio vacillante e mai quel suo semi-cristianesimo! M'affligge che non discerna la solidità della nostra divina Chiesa, e che non adoperi il suo forte volere in questa via. Ella ha giustamente una grande opinione di te. Reggila, influisci al bene della sua anima, se puoi. Addio, fratello, amico, sollievo e benefizio del tuo inalterabilmente affezionatissimo Silvio Pellico

PS: Saluta tutti i carissimi, nominatamente Castillia, ed anche il nostro Porro, se fosse con te, e mille cose alla gentile americana.

15.

Vigna Barolo, 18 settembre 1839[45]

Mio dilettissimo Federico,
è un secolo che non t'ho scritto, ed ora ho bisogno di dirti che il mio silenzio non è mai tiepidezza d'affetto. Avrai ricevuta la mia lettera in risposta a quella che mi dirigesti al tuo ritorno da Algeri. M'è stato detto che hai avuto finalmente la consolazione di poter andare ad abbracciare tuo padre in Isvizzera, e ho condiviso questo tuo sacro piacere, benché io senta quanto abbia dovuto essere mescolato di ricordanze meste e d'indicibili dolori. Or dove sei, e come si trova l'animo tuo, dopo quella consolazione e quegli strazi? Evvi tutt'ora speranza che il tuo esilio possa cessare? E nell'aspettazione, hai tu scelto un luogo di dimora alquanto stabile, o segui a deludere l'infelice tuo tempo errando di paese in paese? Partito forse migliore di tutti, per chi non ha con sé famiglia, o tali amici del cuore che gli formino quasi una famiglia. Le tue relazioni coll'America, voglio dire colla virtuosissima Maria, sono desse una vera occupazione profonda pel tuo cuore? No, ma solo un dolce sentimento fraterno. Così penso, e sono certo di non ingannarmi, perché ti vedo rimanere in Europa. Mi fu detto che ti riammogliavi, e sposavi una Inglese. Talora io t'immagino tutto disingannato dalle passioni, e talora vinto dalla propensione ad amare, non alieno dai conforti di un secondo matrimonio. In quale dei due stati si

---

[45] Archivio Casati - Cologno Monzese all'epoca dell'edizione completa dell'epistolario di Federico Confalonieri curata da G. Gallavresi - attualmente Milano- Raccolte Civiche – Fondo Casati.
F. CONFALONIERI, *Memorie e lettere pubblicate per cura di Gabrio Casati*, vol. 2, Milano, 1889, pp. 408-409; CONFALONIERI, *Carteggio*, cit.

ferma, o s'agita il tuo spirito? Ovvero oscilla egli tra quei due sentieri della vita, rammaricandosi di non sapere inoltrare né in questo né in quello? Il bene che ti voglio fa che vorrei sapere tutto ciò che pensi, tutto ciò che fai, tutto ciò che progetti, tutto ciò che t'affligge o ti solleva. Intanto ti sto vicino colle mie preghiere, e supplico Dio d'ispirarti e di reggerti; unico uffizio amichevole che il più inutile dei tuoi amici ti possa prestare. - e io, che cosa progetto? Nulla. Che fo? Nulla. Che penso? Amo i miei cari, e non penso ad altro di questo mondo. Bensì la mia mente va volgendo sguardi a quell'altro mondo a cui m'avvicino. Ho avuto di recente una scossa ai polmoni un po' più tremenda delle solite. Io ero andato al principio di Luglio, nella Valle D'Aosta, alle acque di S.Vincent, e là m'è venuta un'improvvisa infiammazione. Dopo otto giorni di malattia, potei fuggire quell'aria, e farmi riportare nella nostra atmosfera più mite di Torino. La fatica mi spossò, mi ridiede febbre, e fui di nuovo dissanguato. Così riacquistai il respiro, ma rimanendo in gran debolezza e mali di nervi.

Tali sono le mie nuove, e tu, carissimo, dammi le tue.

T'abbraccio con tutta l'animo, e sono e sarò sempre il tuo affezionatissimo Silvio Pellico

16.

Torino, 14 novembre 1839[46]

Carissimo mio buon Federico,

quando La Cisterna venne a dirmi che ripartiva per Parigi, io voleva per mezzo suo mandarti finalmente una lettera per dirti quelle tante cose che non sono mai nuove, ma che sempre fra veri amici si dicono e si odono volentieri. Ed in quei giorni io stava bene, comparativamente alla solita salute, ma quel bene era così lieve, che a un tratto svanì, e più non ebbi lena finora a scrivere una lunga lettera. Comincio di nuovo ad aver notti meno insonni, e a respirar meglio, e questo è un'altra volta ciò che io chiamo star bene. Era mia speranza che l'indulto imperiale ti procacciasse modo di ritornare prestissimo in Lombardia, e che indi io stessi per avere quanto prima la consolazione d'abbracciarti. Dicevasi perfino (l'avrai inteso da La Cisterna) che già eri frettolosamente passato qui senza fermarti; questo poi io non lo credeva, parendomi impossibile che, anche nella più incalzante fretta, tu passassi in questo paese, senza rivedere almeno un istante il tuo Silvio. Dacché non t'ho scritto, mio caro, sono spuntati giorni assai assai dolorosi per me. Avrai udito la morte d'un uomo eccellente, che aveva un

---

[46] PELLICO, *Epistolario*, cit., p. 196.

cuore simile al tuo; il marchese di Barolo. Ho provato poche afflizioni così vive e profonde, come a siffatta perdita. La sua povera moglie era in viaggio con lui. Vedutoselo morire in tal guisa, in un misero albergo di Chiari quasi subitamente, la salute di lei ne fu sconvolta, e quindi a Torino le si spiegò una grave malattia, da cui a stento si rimise. Donna fortissima, ma giustamente amantissima di suo marito, si sottomette al voler di Dio, ma non può ancor gustar consolazione. Ah! Chi muore dopo una vita benefica e pia, è da invidiarsi! Il sopravvivere agli amati è crudele. In un anno ho perduto ambo i genitori, e quest'uomo che m'era quasi fratello. Puoi immaginarti quanto io abbia avuto bisogno d'aiuto divino per reggere a questi intimi dolori! Io era in que' giorni d'indicibile mestizia, quando mi giunsero una lettera d'Alessandro, e una di sua cognata. Ei diceva aspettare un'occasione per inviarmi le sue *Memorie*, e parlavami dell'intento buono che gliele aveva fatte scrivere. Non gli ho ancora risposto. Ei non mi dice nulla della vostra scissura – nemmeno la cognata. Bensì accennava dispiaceri inaspettatamente provati, senza qualificarmeli.

Pochi giorni fa, ho avuto una lettera del buon Porro, il quale mi dice essersi ritardate fino all'anno venturo le sue speranze di rimpatriare.

Narrami che vita fai. So da La Cisterna che sei rinvigorito, riabbellito, ringiovanito. Ne godo, e oh quanto vorrei che tu fossi felice! Salutami la gentile Angioletta Americana, quando le scrivi. Passi tu l'inverno a Parigi, o vai tu di nuovo nel mezzodì della Francia? Oppure hai tu fiducia d'ottenere il sospirato ingresso in Italia? Perdonami il mio lungo silenzio, e in segno di perdono scrivimi; scrivi a quel Silvio, che tanto particolarmente ti è amico del cuore. Della vita ch'io fo, non v'ha nulla di notevole da dire; è quella del malaticcio afflitto, che procura di alleggerire i propri dolori, evitando di lagnarsene troppo, e che va spesso rammemorando a sé medesimo il dovere della rassegnazione. Fra i miei vari pensieri, uno dei più dominanti e dei più dolci si è quello dell'amicizia che a te m'unì in carcere, che a te m'unisce finché vivo, che a te m'unirà in cielo. T'abbraccio teneramente.

Salutami La Cisterna, se ambi siete a Parigi. Addio mio buon Federico. Quando mai sarà che ci rivedremo.

Il tuo affezionatissimo amico Silvio

17.

Torino, 10 dicembre 1839[47]

Mio carissimo Federico,

---

[47] Confalonieri, *Carteggio*, cit., p. 990.

41

il piacere che mi recano nell'animo le tue lettere è de' più vivi. Io sospirava le nuove del mio Federico, dopo i giorni di consolazione da lui passati a Mendrisio; non m'era più noto nulla di te, fuorché indirettamente. I buoni Sedgwich erano stati a me cari, perché m'avevano parlato assai lungamente sul conto tuo, rassicurandomi anche molto sulla tua salute.[48] Poi la contessa De Andreis (King) mi aveva fatto dire, averti veduto a Mendrisio, e trovato in ottimo stato. Ogni parola che alcuno mi porti sul mio amico del cuore mi commuove dolcemente, quando nulla mi si dice di doloroso. Vorrei tanto che, dopo i tuoi patimenti sì crudeli e di sì orribile durata, tu fossi alquanto felice pel resto de' tuoi giorni! Apprezzo e gusto ciascuna tua contentezza e ne ringrazio Dio, ma ad un tempo sento quanto sia difficile che tu possa gioirne senza mescolanza d'affanni, or per le ricordanze del cuore, or per nuove perdite. E ahimé, che adesso temo che tu sia vicino a perdere quel tuo degno ed eccellente padre che hai di recente abbracciato, con tanta gioia e speranza che non fossero gli ultimi amplessi che gli porgevi. La sua grave età rende purtroppo quasi impossibile ch'egli ancora si ristabilisca da una malattia così seria. Benché tu sia preparato a questo colpo, non è perciò meno affliggentissimo, e prendo parte profonda alla tua inquietudine attuale, e al nuovo strazio che ti aspetta, se ti giunge l'annunzio temuto. Ti sarà allora di conforto più d'una considerazione, cioè la durata di quella vita preziosa, il bene ch'egli ha ancora avuto di veder terminata la tua cattività, e la vostra reciproca dolcezza nell'esservi riabbracciati. Al che s'aggiunge quel grande sollievo d'un figlio cristiano, che può dire con certezza e con pio compiacimento "Mio padre era un sant'uomo."
Ma forse anticipo sopra un'afflizione che Dio ti tiene ancora un po' lontana. Pensa, s'io te lo desidero.
E' dunque vero che quel povero Gino[49] è ormai cieco? Gli sono grato del molto bene che ti vuole e che tu meriti. Godo per chi ha potuto andare a passar qualche momento con te, ne godo, e ne sono ad un tempo invidioso. Io sono più che mai inetto ad ogni cosa, ad ogni viaggio. Ogni movimento mi desta questa benedetta asma, che un dì mi torrà il respiro; vicenda che talvolta mi pare assai prossima. Al cangiarsi della stagione ho patito un po' più del solito. Nondimeno io vegeto, evitando il moto, il lavoro, evitando tutto fuorché il sentire. Mi sgridi a ragione d'aver prestato fede alla favola

---

[48] Nel 1841 Mary Segdwick aveva pubblicato in una rivista statunitense un resoconto di un suo viaggio in Italia in cui aveva anche di passaggio a Torino fatto visita a Silvio Pellico, ma è probabile che la Sedgwick abbia visitato anche altre volte l'Italia.
[49] Lo scrittore fiorentino Gino Capponi.

del tuo matrimonio colla Inglese. Cioè, non era positiva fede, ma dubbiezza. Sovvengati, mio Federico, che l'amicizia nostra è grande, e mi dà il diritto di voler sapere, e sapere prontamente, le cose importanti della tua sorte. Ogni tua notevole decisione o vicissitudine, lieta o trista, chiedo e voglio che tu me la comunichi sempre affinch'io viva in qualche modo vicinissimo a te. Io di me non ho novità a comunicarti. La mia esistenza è quella d'un vermicciuolo mezzo fracassato, che tuttavia non soffre molto, e non è privo di conforti e carità. Non ho nemici, e mi vedo guardato dagli uomini con più indulgenza, che non meriti. La marchesa di Barolo è, com'era suo marito, una rappresentante soave della Provvidenza Divina. Io sono, fra i poveri Spielberghensi, uno di quelli a cui restano meno inquietudini. Tu m'hai sollevato assai assai, mio caro, coi tuoi benefici soccorsi, e frattanto la mia posizione è divenuta tranquilla. Dio te ne benedica, e benedica ogni cuore [che è stato] indulgente verso di me! Oh! Sieno esaudite le preghiere della mia gratitudine e viva amicizia! - Sì, lo saranno, ne ho fiducia.

Bacchiega[50] m'ha scritto; egli è riconoscentissimo a te ed a Porro. Scrivendo agli amici comuni, a Bruxelles o altrove, ricordami al loro affetto: Borsieri, Berchet, Castillia, Arconati. Mi rallegro del figlio nato a questo, dopo la terribile perdita dell'altro! Dio è buono; speriamo in Lui, amiamolo ed amiamoci in Lui.

Il tuo Silvio

Mille cose a Bianca e a quella così buona m.lle Montgolfier, che troppo mi fa onore.

18.

Torino, 4 aprile 1840[51]

Viva Ferdinando 1°![52]

Mio carissimo Federico,
il ricevere una tua lettera in data di Milano e per me sì grande contentezza, amico e fratello mio, che non te lo posso spiegare, sebbene - come ora è inevitabile che sieno tutte le nostre gioie - vi si mescoli a larghe onde il

---

[50] Il patriota Giovanni Bacchiega che aveva trascorso dodici anni nel carcere dello Spielberg e, trovatosi in difficoltà economiche dopo la liberazione, era stato aiutato sia da Pellico sia da Confalonieri.

[51] PELLICO, *Poesie e lettere inedite*, cit., p. 70.

[52] L'imperatore austriaco Ferdinando 1° aveva concesso con un'amnistia di rientrare a Milano agli ex detenuti dello Spielberg.

dolore. Il mio cuore sente quanto per assai tempo, e massimamente in questi primi giorni, ti debbano affliggere le cose che ti circondano e quelle che ti mancano.- Non ho potuto più pensare ad altro dal momento che mi si disse esserti conceduto il ritorno a Milano - dì e notte la fantasia non sapeva, non sa dipingermi che il mio Federico dilettissimo ed infelicissimo, a cui l'avvenimento stesso il più fortunato, il più dolce, è per necessità un raddoppiarglisi d'affanni e di rimembranze laceranti. Ne sono stato tanto scosso da non dormire le prime notti, finché verso l'alba la stanchezza mi dava calma. Ebbi annunzio della tua ammissione a rimpatriare dai giornali francesi, e poi dalla voce che qui ne corse, onde quasi ad un tempo intesi la grazia limitata e l'altra maggiore senza limiti. M'assicurai leggendo una lettera che il conte Greppi scrisse al nostro conte Petitti ed ivi si diceva essere il tuo arrivo a Milano imminente. - Deh! Perché non potesti passare per Torino! Ma ora siamo vicini, e mi consolo che ti riabbraccerò, se Dio mi concede vita. Dev'essere, in mezzo alle pene che ti straziano, una preziosa dolcezza per te il veder conservato l'ottimo tuo genitore ed in istato da poter nutrir fiducia esso ti rimanga per del tempo. Io so qual bene era al mio cuore il passare ancora qualche anno coi miei vecchi genitori! Tu possedi costà, malgrado tante perdite, non pochi veri amici, ed in oltre tutto il paese ti mira con rispetto ed amore. Vinci la mestizia che ti assale, fatti animo. I tuoi giorni in patria non saranno privi di sollievo e di giubilo. La vita errante d'esule non era temperata per un cuore come il tuo. Tu hai bisogno di respirare fra i tuoi, di esser concittadino dei tuoi fratelli, di deporre quell'inquieta brama di mutar luogo dalla quale eri tornato nell'esilio. Tu, disingannato da' sogni politici che nella nostra gioventù ci abbagliarono, sei chiamato ad essere utile al tuo paese, come ricco e benefico, come esempio di cristiane virtù. Attendi a tranquillare il tuo spirito ora agitato da tante commozioni, e mettiti a maturare con pace un piano di vita secondo l'animo tuo, sì che ognuno abbia a riconoscere che il tuo ritorno in Patria è un bene per gli altri come per te. Volgi qualche volta ogni giorno una parola umile ed amante al Signore perché ti rianimi e ti consigli e ti guidi. Poco è il potere di tutti gli altri amici, ma il nostro amico celeste può tanto!
Io lo prego di benedirti, di moltiplicare intorno a te le persone benevole, di fare che tutti contribuiscano a riabbellire per te il soggiorno di Milano, d'allontanare da te le afflizioni e le spiacevolezze. Mai, mai, non cesserò di far voti pel mio Federico che mi ha aiutato con tanta amorevolezza, e generosità e con sì particolare sentimento d'amicizia. Molti hanno conosciuto l'eccellente tuo cuore, ma niuno più di me, e posso con tutto convincimento vantarmi d'essere nel numero di coloro che t'amano con maggior tenerezza. - Ti ringrazio di non aver tardato molti giorni a

scrivermi. Io ne aveva di bisogno. Questo farà anche bene alla mia salute, la quale val poco. - i miei malucci sono le solite oppressioni di petto e vertigini. Ma non credeva di viver tanto, e sono ancor qui, e tu mi sei quasi vicino, e sicuramente (se il fiato mi dura alquanto ancora) ci rivedremo! Oh come Dio è buono! Profittiamone per meglio amarlo! T'abbraccio con tutta l'anima - salutami gli amici e non dimenticare il tuo cognato Camillo, delle cui nozze mi congratulo. - Sta sano, amami, scrivimi. Addio, addio.
Il tuo Silvio

19.

Torino, 11 maggio 1840[53]

Mio Federico amatissimo,
mi hai sollevato scrivendomi, e siccome prendo somma parte alle tue afflizioni, così condivido teco il conforto, benché passeggero, di veder alquanto prolungata l'esistenza del tuo ottimo padre. Ell'è un'esistenza di dolore per lui, è vero, ma negli uomini giusti il vivere è *meritare*, e tu ricevi una grazia segnalata potendo consolare co' tuoi filiali servigi quel santo vecchio, di cui ogni sguardo è una benedizione per te. Vedo quel che tu patisci e ti compiango, ma ad un tempo mi congratulo che tu sia lì accanto a quel letto. Ben so che il mio Federico preferisce quei lunghi giorni penosissimi a fianco del padre così gravemente infermo, anziché avere il rincrescimento della lontananza e di non potergli prestare alcun ufficio di sacra tenerezza nell'ultima malattia. Iddio ti tratta, amico mio, nella guisa misericordiosa che trattò me in simile riguardo, sebbene t'abbia dato a portare più lunghe sventure, il che fece perch'ei dà le maggiori croci ai più forti.egli ha voluto che né tu né io mancassimo al letto di morte de' genitori; e questo è un dolce segno di favore divino, e oserei quasi dire di predestinazione. Più volte sì mia madre, come indi a poco mio padre, stando vicini all'agonia, ringraziavano il Signore d'avermi riveduto, d'avermi preso loro, ed allorché la voce non reggeva per dirmelo con parole, me l'esprimevano ancora collo sguardo. Lo stesso interno giubilo addolcisce ora i mali del tuo venerando vecchio, e quindi in mezzo alle tue angosce tu sei fortunato, perché quel padre riceve un sollievo dall'averti con sé, e dal raccogliere dal suo dilettissimo figlio la più preziosa delle retribuzioni, l'elemosina santa della compassione, della venerazione, delle preghiere e del pianto. Ivi tu soffri molto, mio povero Federico, ma sei stromento della bontà divina, sei oggetto di grazia, sei caro a Dio, ed ivi *onorando il Padre*

---

[53] PELLICO, *Poesie e lettere inedite*, cit., p. 73.

cancelli le mancanze che possono esserti sfuggite in gioventù contro il quarto comandamento e *te ne risulterà quella vita lunga, eterna che a tale pietà è promessa*. - (Mia madre mi diceva queste cose prima di morire). - Fra le tue afflizioni, pensa talvolta a me, e raccomandami al Crocefisso Gesù. E io ti rendo simile rimembranza, pregando per te, per tuo padre, per voi tutti, e con tutta l'anima mia! - Addio, mio carissimo. - Oltre le ragioni che ognuno ha di stimare assai assai il conte Mellerio, gli voglio particolarmente bene perch'egli ti vuol bene. Salutamelo.

T'abbraccio e sono

il tuo affezionatissimo Silvio.

20.

Torino, 9 giugno 1840[54]

Mio dilettissimo Federico,

oggi solo mi giunge la trista notizia della morte del tuo buon padre, e benché tutti fossimo preparati a vedere estinta in breve quell'antica vita, pur quest'annunzio - venutomi da una lettera di Caponago[55] - m'ha percosso di profonda mestizia, immedesimandomi in te, dolce amico, e sentendo il tuo dolore. So quale strazio mi fu la morte di mio padre e conosco l'anima tua. Ma ad ambi noi, con siffatto indicibile dolore, v'è mista una consolazione divina, alla memoria delle virtù paterne e della benedizione che a noi è rimasta. Povero mio Federico! Ti compiango, ma spero che l'avere avuto un padre così giusto e religioso, e l'averlo potuto confortare e servire con tutta la pietà nella sua ultima malattia, ti darà forza e pace. Tu l'onorerai sempre co' tuoi fatti; tu sarai degno figlio di quel Santo.

M'unisco teco a pregare per la venerata anima sua, così volendo la carità cristiana; ma per uomini simili, è quasi certezza il loro immediato passare dalle miserie dell'umana agonia alle braccia del Signore. Alterniamo il pregare per lui, e l'invocarlo.

Tu, mio caro, mio sommamente caro! Sovvengati che, quando potrai, mi recherai sollievo dandomi le tue notizie; e te ne sarò gratissimo. Quel lungo stare in angoscia ed in veglia accanto al letto d'un amato padre che doveva morire, e poi il perderlo, ed usargli tutti i pietosi uffici che tu hai fatto, insin che fu nella tomba, ah! Ciò t'ha sicuramente lacerato di ferite che non si possono ridire! Povero amico mio! E non esserti io vicino! E non poterti

---

[54] PELLICO, *Poesie e lettere inedite*, cit., p. 75.
[55] Lo scrittore milanese Giulio Caponago, amico di Pellico, prima dell'arresto.

dare la minima prova della mia amicizia! - non sono buono che ad amarti e raccomandarti a Dio, al nostro ottimo Dio, che vede il fondo delle anime nostre, e che ci affligge per nostro bene, per migliorarci, per distaccarci dalle cose vane e farci interamente suoi. - Ah siamolo! Portiamo con santo coraggio la nostra croce benedicendolo, ed edificando altrui con tutte le facoltà del nostro cuore!

Scrivimi. T'abbraccio con lagrime piene di lutto, e di tenerezza e di speranza in Gesù e Maria! Oh Maria! *Sumat per te preces qui pro nobis natus tulit esse tuus!*

Il tuo Silvio.

L'arresto dei carbonari milanesi in una stampa dell'800.

21.

Torino, 6 agosto 1840[56]

Mio dilettisimo Federico,
avrai ricevuto una lettera che ti scrissi tosto che seppi la morte di quel sant'uomo di tuo Padre, pel quale mi sono unito alle tue preghiere, e mi v'unisco, sebbene abbiamo quasi certezza ch'ei non ne abbia più d'uopo. Dammi, ti prego, le tue care nuove. Io prendo parte alla contentezza di quei nostri amici che or vanno rimpatriando, e segnatamente di Porro: ei mi scrive essere imminente il suo passaggio a Torino. Il rivederlo mi sarà grande consolazione. Poco mancò ch'ei non avesse a trovarmi più fra i vivi, e che a te pure, invece di questa lettera, non avesse a giungere l'annunzio ch'io fossi stato soffocato da un attacco forte di petto. Questo mi prese

---

[56] PELLICO, *Poesie e lettere inedite*, cit., p. 77.

domenica in Acqui, città la cui atmosfera non mi conviene. Potei farmi strascinar via, e dopo aver valicati i colli e ritoccata la pianura piemontese, mi ritornò un po' di fiato. Or sono in quella specie di guarigione che posso sperare nello stato mio incurabile. Tiriamo avanti finché Dio vuole. La mia corsa ad Acqui non era per pigliare le acque né i fanghi, ma per desiderio d'essere ivi di qualche utilità alla marchesa di Barolo, andatavi per curare la salute, e disgraziatamente ammalatasi. Le fui pur troppo disutilissimo, e fuggii per non raddoppiare l'inquietudine di saper me pure ammalato in quella trist'aria. I miei patimenti fisici, benché da ieri in qua alleggeriti in modo da farsi comportevoli, sono di natura da non lasciarmi quasi riposo e da travagliarmi con una mestizia che bensì mi sforzo di combattere, ma che nondimeno talora m'opprime. Eccoti la condizione mia, e tu dunque, amico diletto del mio cuore, compiangimi, e raccomandami Dio. Le nuove che ho della marchesa di Barolo sono piene di speranza, ma tuttavia non eccellenti. Iddio, che ha provato te con tanti dolori, te li risparmi d'or innanzi, e ti conceda giorni quieti e sparsi di conforto!

La mia lettera ti verrà presentata dal conte di Coetlosquet (pronuncia Colosquet) uomo di molta coltura, gentilezza, umiltà e fede religiosa. Egli è oriundo di Bretagna e di famiglia trasportatasi a Metz. Gli sarà caro conoscerti.

Addio, Federico amatissimo. Scrivimi; sarà una dolce carità che userai al tuo fratello.

Silvio Pellico

22.

[Torino], 9 ottobre 1840[57]

Mio carissimo Federico,

il ritardo che ho messo a risponderti, diletto amico, ti dice abbastanza ch'io non sono stato in grado di muovermi come avrei voluto da questi luoghi, per un convegno in Isvizzera o meno lungi. Con quanto piacere mi sarei recato ove finalmente avessi potuto riabbracciarti e teco passare alcuni giorni! Impossibile! Appena le mie forze pulmonarie reggono a farmi condurre da Torino alla villa Barolo, ch'è presso Moncalieri. Vado e vengo di rado e siffatte lievi gite, invece d'essermi esercizio salutare, mi stancano sì, da esserne sempre mal ridotto. E non è già ch'io non abbia voluto provare negli anni scorsi di riavvezzarmi ad un po' d'attività. L'ho fatto, mi sono imposto di combattere l'asma, ho visitato Saluzzo, Asti e diversi castelli, provando

---

[57] PELLICO, *Poesie e lettere inedite*, cit., p. 79.

or di respirare vivissim'aria, or meno viva. Furono prove inutili, e dopo qualche alternare di meglio e di peggio, talmente soffersi che mi convenne cessare. Non so perch'io viva ancora, ma insomma non ho respiro se non quanto basta per esistere alla foggia d'un prigioniero, che ha perduta quasi la facoltà del mutare di luogo. Gli effetti dello Spielberg sono rimasti incurabili per me.

Il buon marchese di San Tommaso e sua madre sono stati da me sommamente invidiati per la sorte ch'ebbero di teco trovarsi qualche ora. Ogni loro parola sul tuo conto è stata da me udita con dolcissima commozione e letizia, e segnatamente circa l'affezione particolare che porti ognora al tuo Silvio, e ch'io apprezzo come un bene che voglio conservare in eterno. Consolommi pure l'udire confermarmisi le ottime notizie della tua salute. Ringrazio il cielo del tuo perfetto risanamento dopo sì lungo ed orribile patire. L'essersi così ristabilito è quasi prodigio. Vivi molti anni, e vivili per esercitare la tua bontà ed in tal modo servire a Dio, profittando dei doni eccellenti ch'egli t'ha fatti, ed anche profittando delle sofferte sventure, che sono una più intima associazione alla Divina Croce. Spero che non sarai gran tempo senza poter convenientemente fare una corsa a Torino, ed è vano il dirti quanto giubilo sarà il mio, allorché possano cessare questi giusti riguardi che or ti tengono. Bramo altresì vivamente di rivedere il mio carissimo Porro; fagli i miei saluti la prima volta che tu ti trovi con esso, e digli tutto il mio desiderio di riabbracciarlo.

Ho avuto dal marchese Riccardi-Vernazza buone nuove del suo cognato Gino,[58] se non che l'infelice è sempre minacciato di cecità, e pochissimo ci vede. In mezzo a' miei mali, sono fortunato di conservare sufficiente vista, da poter almeno vivere al solito coi libri, e questi mi sono un gran conforto. Leggere e pensare ed amare, ecco beni preziosi che ancora possedo e spero ritenere utili. Ma anche il giorno in cui non leggerò più, penserò ed amerò, ricordandomi del mio Federico, e degli altri che mi concessero buona ed indulgente amicizia.

Talora cerco d'indovinare come passi i tuoi giorni, e godo d'immaginarmeli non tristi, grazie alla tua salute, al tuo ingegno, alla stima generale che ti circonda. Nondimeno hai sicuramente le tue ore involte di qualche mestizia, o anzi di dolore. Ti conosco, ti capisco, ti compiango, t'auguro fortezza d'animo e consolazioni, e prego di cuore per te.

Addio, amico. Non pormi in dimenticanza, e credimi inalterabilmente
tuo affezionatissimo Silvio Pellico

---

[58] Dovrebbe trattarsi di Gino Capponi, nobile fiorentino, amico sia di Confalonieri sia di Pellico.

23.

Torino, 18 novembre 1840[59]

Mio Federico amatissimo.

La tua lettera mi giunse ai 4, e solo oggi sono a risponderti, ma il ritardo a scriverti è senza colpa del cuore. Venni appunto addì 4 dalla campagna e coi soliti soffocamenti piuttosto accresciuti. Diminuirono finalmente, e loro successe una buona flussione ai denti. Or questa non mi strazia più, e son contento d'avere (benché senza lusso) una salute, che relativamente sono tentato di chiamare magnifica. La lodo, l'adulo, affinché non se ne parta con l'usata fretta. Ieri io soffriva, oggi no; che sarà domani? Ma lasciamo fare a Dio, al quale intanto sono grato de' sollievi che mi concede e della vita che mi va prolungando. Gli sono pur grato e gratissimo d'aver cotanto migliorato la salute tua, mio ottimo amico, e lo prego di conservartela assai lungamente. Fanne buon uso, e di più in più. Godi bensì la vita, ma con un intimo fondo, ricco, inesauribile, di virtù e di religione. Sii un santo socievole, un effusore amabile di senno e di carità. Tu devi essere tale, ed ho fiducia che tu lo sia ed aspiri a divenirlo viemaggiormente. Anche fra qualche dolcezza terrena si può non esserne schiavo, e seguire, senza che il mondo se ne accorga, la Sapienza Divina. Meglio però quand'egli è costretto ad accorgersene dai fatti ripetuti e costanti.

Circa le voci dei giornali o degli oziosi, che ora ti vogliono rimaritato or claustrale, lascio dire e non credo nulla. Di me pure s'era detto ch'io era certosino, gesuita, o non so che, e non son niente che il solito insignificante Silvio. Forse se la mia salute fosse stata discreta, il vivere d'un chiostro m'avrebbe allettato; ma avrei scelto uno dei meno in contatto con la società. Riposo, studio, meditazione solitaria sarebbero stati di mio genio per questi ultimi anni. Una macchina tutta sconcertata, com'è la mia, non è più buona per nessuna specie di chiostro, e quindi sto così, sino al fine. La mia posizione in casa Barolo è del resto eccellente e secondo i bisogni del mio spirito, avendo questa casa un non so che di monastero. La Marchesa, dacché perdette nel marito il più degno degli amici, vive lontana da tutte cure mondane, non vede che pochi antichi amici, e poi monasteri, ricoveri, prigioni. E' donna tutta di Dio e segregata dalle vanità

---

[59] PELLICO, *Poesie e lettere inedite*, cit., p. 82, CONFALONIERI, *Carteggio*, cit., p. 1037-1038.

Addio, amatissimo fratello di sventura e mio grande soccorritore, a cui tanto debbo, a cui desidero tanto bene! La mia amicizia per te è indelebile; conservami la tua egualmente.
Salutami il caro Porro, e gli altri diletti compagni di dolori e d'affezioni.
Il tuo Silvio Pellico

24.

Torino, 29 novembre 1840[60]

Ricevo la tua lettera colla cambialetta, e ti sono gratissimo del disturbo che ti sei preso, e sino dell'avermi procacciata la somma senza sconto ed anzi a rovescio. Iddio benedica tutti quelli che mi sono benevoli, e te particolarmente che ho tanta ragione d'amare - Salutami gli amici nostri, e non dimenticare il carissimo Giacinto[61].
Tu dunque un giorno verrai a vedermi! Sì, e che giubilo sarà per me! Ho superato il passaggio sempre critico d'una stagione all'altra, e sto da alcuni giorni meglio di respirazione.
T'abbraccio e sono di tutto cuore. Il tuo Silvio

25.

[novembre 1840][62]

Mio dilettissimo,
sabato l'ora della partenza della posta incalzava, e perciò m'affrettai a chiudere la lettera, senza unirvi gli autografi, ed una risposta a M. Deschamps, in ringraziamento de' gentili suoi versi. Questa risposta gliela farai passare tu, non avendo io il suo indirizzo. Il buon Caponago m'ha scritto per dirmi tutta la gioia sua e d'altri sul tuo ritorno; ei non t'aveva ancora veduto, e sospirava che tu potessi riceverlo.
Addio, mio ottimo ed amatissimo Federico. Ti contenta di queste poche righe. Questa oppressione non mi permette di scrivere a lungo. Il tempo è brutto e sfavorevole al respiro; ho bisogno di buona stagione.

---

[60] Archivio Casati - Cologno Monzese all'epoca dell'edizione completa dell'epistolario di F. Confalonieri curata da G. Gallavresi - attualmente Milano – Raccolte civiche – Fondo Casati.
PELLICO, *Poesie e lettere inedite*, cit., p. 85.
[61] Giacinto Mompiani.
[62] CONFALONIERI, *Memorie e lettere*, cit., p. 412

T'abbraccio con un cuore pieno d'affetto, e sono il tuo
Silvio

26.

Torino, 20 novembre 1840[63]

Mio amatissimo Federico,
Questa lettera è tutta per chiederti un favore. Ti piaccia di far riscuotere l'unita cambialetta di L. 256 austriache; e ti sarei pur gratissimo che tu mi facessi quindi tenere questa somma per via di negoziante o altra, tosto che si potesse.
Scusami della libertà, e ti sieno mille grazie.
Come t'abbracciai jeri di tutto cuore, così t'abbraccio oggi, e sono

Il tuo aff.mo amico
Silvio.

27.

Torino, 30 gennaio 1841[64]

Mio carissimo Federico!
Un dolce, ma illusorio presentimento mi diceva, sai tu che ? - che tu mi preparavi una sorpresa; che tu stavi per comparirmi innanzi, accompagnandoti a Porro. Ma tu non l'hai potuto, ed il piacere di riabbracciarti m'è serbato ad altra stagione. Spero che combineremo questo incontro, - né certo, potendo muovermi di qualche miglio, mi ristarò per pigrizia. Or non dirò di star bene, ma neppure va malissimo, e solo sono condannato a moti lenti e ad economizzare le scale - Puoi pensare se il rivedere il nostro Porro, e così sano e lieto, m'abbia recato gioia. Passo ogni dì qualche tempo con esso e con l'ottimo Giulio; ma breve è il loro soggiorno ; ripartono martedì. Tranne i capelli incanutiti, Porro non è punto invecchiato. Io lo sono, ma egli per altro mi credeva più emaciato, e s'è messo in capo di ringiovanirmi se voglio omeopatia. Rido e non ne farò

---

[63] Archivio Casati - Cologno Monzese all'epoca dell'edizione completa dell'epistolario di F. Confalonieri curata da G. Gallavresi - attualmente Milano – Raccolte civiche – Fondo Casati.
[64] PELLICO, *Poesie e lettere inedite*, cit., p. 86.

nulla, tanto sono sicuro che né quel metodo né altro più non potrebbero operare importanti cose sul mio involucro. Molto è, ch'io pur vada così vivendo con qualche fatica ed in modo tuttavia tollerabile. La vita è sempre un bene, giacché è dono di Dio. - E quando poi il dono di Dio si è la morte, - ah! Spero che anche quella sarà per noi una grazia grande - la maggiore di tutte!

Dunque l'ottimo Ermes[65], al quale io avrei dovuto premorire di molti anni, non è più fra queste angustie! La notizia del suo passaggio m'ha rattristato, ma ho torto. Bisogna affliggersi per chi muore senza aver badato a santificarsi, e non quando un'anima divenuta piissima si distacca dalla nostra misera terra. La conversione del caro Ermes è stata mirabile e sostenuta con generosa costanza. Non gli sono stati risparmiati i biasimi e gli scherni, ma chi davvero si appoggia alla Croce, che ha da temere? - Pregherà ora, come prima, pe' suoi schernitori, ed anche per noi, che fummo e siamo suoi amici. - La nostra speranza ch'ei già sia in piena felicità, non ci tolga di pregare per esso. - Io non sapeva ch'ei si fosse stabilito a Crema. Ci scrivemmo qualche volta dacché tornai in libertà, e poi ci mandavamo soltanto i saluti nelle occasioni che capitavano.

Perché non ti scrissi al rinnovarsi dell'anno, epoca naturale degli auguri? Me lo dimando, ma tu già m'hai risposto. I nostri reciproci auguri sono di tutti i giorni.

T'abbraccio teneramente, e sono il tuo, veramente tuo Silvio.

28.

Torino, 25 febbraio 1841[66]

Mio buon Federico.

Quel mio stesso fratello Luigi, per cui tu mi facesti un mese fa il favore di ritirare qualche denaro e di trasmetterlo, non è più sulla terra. Otto giorni sono ei respirava ancora, ei mi scriveva da Chieri. Da più anni aveva cattiva salute, ma senza dirsi ammalato e senza apparenza di volgere così presto al fine. - Nel giovedì 18 fu preso da apoplessia; ne venni avvertito per espresso. Lo vidi senza potere più udire la sua voce. Ei mi riconobbe, m'attestò cogli sguardi il suo affetto. Attestò egualmente la sua adesione alle preci dell'Olio Santo, ai conforti dei Sacerdoti. Languì sino al sabato

---

[65] Si tratta dello scrittore Ermes Visconti, amico di Alessandro Manzoni e collaboratore della rivista "Il conciliatore", di cui il Pellico era stato caporedattore.

[66] PELLICO, *Poesie e lettere inedite*, cit., p. 87.

53

20, e portatáglisi una Reliquia di S. Giuseppe colla quale fu benedetto, s'estinse dolcemente sotto questa benedizione di buon augurio - Prega per lui!

Questo colpo m'ha lacerato il cuore, e nondimeno io vivo, e sto meno male di salute.

Son certo che tu prendi parte, mio amatissimo amico, al dolore del tuo Silvio, che sempre t'ama.

29

[Vigna Barolo], 21 ottobre 1841[67]

Mio carissimo Federico,

in fretta rispondo, e prima di tutto voglio dirti che la tua lettera m'ha consolato assai. Quella precedente di cui mi parli non l'ebbi mai, e ben mi parve difficile a credere che tu non m'avessi scritto. Seppi il tuo matrimonio dalla contessa di Masino, poi da altri; ma tu correvi il mondo, ed in qual luogo doveva io indirizzarti un foglio? Or dunque finalmente imparo da te a conoscere l'egregia e fortunata donna che ti ama e che Dio ha voluto fosse tua. Sia Egli lodato! Vi benedica ambi, e sia Egli l'anima delle vostre affezioni, lo scopo della vostra vita. Vieni; tutti possono passare per Torino a creder mio. Favellane a buon conto col nostro ambasciatore. Io vivo ansiosissimo di vederti, d'abbracciarti; puoi pensarlo, sei hai giusta idea dell'amicizia che ti porto. Offri i miei omaggi alla tua Sofia, a cui sono costretto dalle tue parole a voler bene e a professare grande stima.

T'abbraccio, e sono con tutta l'anima, e finché esisterò, cioè in eterno, il tuo fratello

Silvio Pellico

30.

[Vigna Barolo], 24 ottobre 1841[68]

Mio Federico,

---

[67] Archivio Casati - Cologno Monzese all'epoca dell'edizione completa dell'epistolario di F. Confalonieri curata da G. Gallavresi - attualmente Milano – Raccolte civiche – Fondo Casati.
CONFALONIERI, *Memorie e lettere*, cit., p. 415-416.
[68] CONFALONIERI, *Memorie e lettere*, cit., p. 416.

t'ho risposto dalla campagna e senza ricordarmi bene il tuo indirizzo di Parigi, e raccomandai la lettera a *M. Conti*, invece di mettere *Ponti frères*, ecc. Non so se ti sarà giunta; fanne ricerca.

Ora la fretta non mi lascia tempo se non di ripeterti le mie congratulazioni e ti lascio interpretare tutti i sentimenti di cuore che conosci. Ti ridico altresì non parermi che debba esservi ostacolo al tuo passaggio per Torino; passaggio che desidero caldissimamente. Su ciò vorrei che tu parlassi col nostro ambasciatore piemontese, per maggior sicurezza. Bramo di conoscere personalmente l'ottima Sofia. Baciale per me la mano.

Il tuo Silvio Pellico

SENTENZA.

Sugli atti dell'inquisizione criminale costrutti dalla Commissione speciale in Milano pel delitto d' alto tradimento contro i detenuti

1 Federico Conte *Confalonieri*, di Milano,
2 Alessandro Filippo *Andryane*, di Parigi;

Contro i *contumaci*

3 Giuseppe *Pecchio*, di Milano,
4 Giuseppe *Vismara*, di Novara, domiciliato in Milano;
5 Giacomo Filippo *de Meester Huydel*, di Milano,
6 Costantino *Mantovani*, di Pavia,
7 Benigno Marchese *Bossi*, di Milano,
8 Giuseppe Marchese *Arconati Visconti*, di Milano,
9 Carlo Cavaliere *Pisani Dossi*, di Pavia,
10 Filippo Nobile *Ugoni*, di Brescia,
11 Giovanni Conte *Arrivabene*, di Mantova,

E contro i *detenuti*

12 Pietro *Borsieri di Kanilfeld*, di Milano,
13 Giorgio Marchese *Pallavicini*, di Milano,
14 Gaetano *Castillia*, di Milano,
15 Andrea *Tonelli*, di Corcaglio,
16 Francesco Barone *Arese*, di Milano,
17 Carlo *Castilla*, di Milano,
18 Sigismondo Barone *Trecchi*, di Milano,
19 Alberico *de Felber*, di Milano,
20 Alessandro Marchese *Visconti d'Aragona*, di Milano,
21 Giuseppe *Rizzardi*, di Milano,
22 Gio. Battista *Canolli*, domiciliato in Milano,
23 Giuseppe *Martinelli*, di Cologna, Provincia Bresciana,
24 Paolo *Mazzotti*, di Corcaglio,
25 Luigi *Moretti*, di Mantova,

tutti imputati del delitto di alto tradimento; Vista la consultiva Sentenza della detta Commissione Speciale di Prima Istanza del 5o Maggio 1825 quanto all'*Andryane*, e del 28 Febbrajo 1825 quanto agli altri; Vista la consultiva Sentenza della Commissione Speciale di Seconda Istanza in Milano portante la data, per l'*Andryane*, del 15 Luglio 1825, e per gli altri dell' 11 Luglio predetto; Il Cesareo Regio Senato Lombardo-Veneto del Supremo Tribunale di Giustizia sedente in Verona colle sue decisioni 27 Agosto quanto all'*Andryane*, e 9 Ottobre 1825 quanto agli altri, ha dichiarato

1.° Essere i detenuti Federico Conte *Confalonieri* ed Alessandro Filippo *Andryane*, non che i contumaci Giuseppe *Pecchio*, Giuseppe *Vismara*, Giacomo Filippo *de Meester Huydel*, Costantino *Mantovani*, Benigno Marchese *Bossi*, Giuseppe Marchese *Arconati Visconti*,

Carlo Cavaliere *Pisani Dossi*, Filippo Nobile *Ugoni*, Giovanni Conte *Arrivabene*, e gli altri detenuti Pietro *Borsieri di Kanilfeld*, Giorgio Marchese *Pallavicini*, Gaetano *Castillia*, Andrea *Tonelli*, e Francesco Barone *Arese* rei del delitto di alto tradimento, e gli ha condannati alla pena di morte, da eseguirsi colla forca, osservato in quanto ai contumaci il §. 498 del Codice Penale.

2.° Ha pure dichiarato doversi pel titolo d'alto tradimento sospendere il processo per difetto di prove legali a carico di Carlo *Castillia*, Sigismondo Barone *Trecchi*, Alberico *de Felber*, Alessandro Marchese *Visconti d'Aragona*, Giuseppe *Rizzardi*, Giambattista *Canolli*, Giuseppe *Martinelli* e Paolo *Mazzotti*, condannati però tanto essi che tutti i prenominati Inquisiti al pagamento delle spese processuali *in solidum*, e delle alimentazie in loro specialità, giusta il §. 537 del Codice Penale; e tutti i Nobili, dichiarati rei del delitto d'alto tradimento, alla perdita, quanto allo loro persone, dei diritti della Nobiltà Austriaca.

3.° Ha dichiarato doversi assolvere Luigi *Moretti* dall'imputato delitto d'alto tradimento, essendosi riconosciuta la di lui innocenza.

Sua Sacra Cesarea Regia Apostolica Maestà, cui furono subordinati gli Atti e le Sentenze relative, colle veneratissimo Sovrano risoluzioni 19 Dicembre 1825, e 8 Gennajo 1824 lasciò che la Giustizia avesse il suo corso riguardo ai contumaci Pecchio, Vismara, De Meester, Mantovani, Bossi, Arconati Visconti, Pisani Dossi, Filippo Ugoni ed Arrivabene; ed all'incontro in via di grazia degnossi clementissimamente di rimettere ai condannati Confalonieri, Andryane, Borsieri, Pallavicini, Gaetano Castillia, Tonelli ed Arese la pena di morte; e d' commutarla nella pena del carcere duro da espiarsi da tutti nella Fortezza di Spielberg, in quanto a Confalonieri ed Andryane per tutta la vita, in quanto a Borsieri, Pallavicini e Gaetano Castillia per venti anni, in quanto a Tonelli per dieci anni, ed in quanto all'Arese per anni tre, oltre le conseguenze legali della condanna al carcere duro.

Tali Supreme decisioni e tali veneratissime Sovrano Risoluzioni vengono portate a pubblica notizia in esecuzione dei venerati Aulici decreti 27 Dicembre 1825, N. 37, e 13 Gennajo 1824, N. 12, dell'Eccelso Senato Lombardo-Veneto del Supremo Tribunale di Giustizia, partecipati dall'I. R. Commissione Speciale di Seconda Istanza coi rispettivi dispacci 29 Dicembre 1825 N. 290 e 291, e 15 Gennajo 1824. N. 8.

Milano, dall'I. R. Commissione Speciale di Prima Istanza il 21 Gennajo 1824.

Il Consigliere Aulico Presidente

DELLA PORTA.

A. DE ROSMINI *Sgr.*

Dalla Tipografia di Giovanni Bernardoni dottore alla Chiesa di S. Tommaso.

La sentenza di condanna di Federico Confalonieri e degli altri appartenenti alla setta dei Federati.

31.

Torino, 18 novembre 1841[69]

Mio carissimo Federico,
ora che le presentazioni sono finite e che devi aver cominciato colla gentile Sofia una vita pacata, ti visito anch'io e duolmi che sia visita soltanto epistolare. La tua lettera m'ha spiegato perché non sei passato qui, ma ne son rimasto pure colla mia scontentezza, ed ho brontolato e brontolo ancora. Che bisogno v'era di viaggiare così furiosi? Dovevi mettere due o tre giorni di più e passar qui affinch'io avessi un istante il piacere di riabbracciare un sì caro amico. Non vi ti saresti fermato che un giorno, e sarebbe stato una stupenda festa per me, e pochissimo il disturbo del ritardo vostro. Ti sgrido perché t'amo, e con tutta la mia collera m'industrio nondimeno a giustificarti, e l'industria non è faticosa; a segno che dubito persino che tu non meriti punto d'essere sgridato. La colpa dev'essere tutta di quella crudele che ha conquistato il tuo cuore, e che m'odia perché disputo a lei il vanto di volerti bene. Se potessi, le renderei odio per odio, ma tu m'hai troppo incantato delle sue virtù, e mi pare quindi piuttosto d'avere in lei una sorella che una nemica. Dimmi se mi inganno, e metti umilmente il brontolone a' suoi piedi.
Breve ti scrivo, e non è effetto di collera. Salutami i nostri carissimi Porro e Borsieri. Il nostro buon Priero esce di qui e vi manda i suoi saluti. Se vuoi che ti perdoni i torti che hai, o che non hai, scrivimi distesamente qual sia ora la tua vita. Così ti vedrò meglio e mi sembrerà d'esserti vicino Vedi tu Manzoni? Salutamelo tanto.
Il tuo Silvio Pellico

32.

[Torino], 3 gennaio 1842[70]

Mio carissimo Federico,
buon 1842 a te ed alla tua amabile Sofia! E sebbene l'augurio non ti sia stato espresso, il mio cuore non è stato fino a quest'oggi senza formarlo, non passando giorno ch'io non mi ricordi dolcemente di te e non ti brami felice, amato, benedetto, compensato delle patite sventure con anni ripieni di consolazione. Fra tante carissime cose che mi dicevi nella tua ultima

---

[69] Archivio Casati - Cologno Monzese all'epoca dell'edizione completa dell'epistolario di F. Confalonieri curata da G. Gallavresi - attualmente Milano – Raccolte civiche – Fondo Casati.
CONFALONIERI, *Memorie e lettere*, cit., p. 416-417.
[70] PELLICO, *Poesie e lettere inedite*, cit., p. 89.

lettera del 24 novembre, m'accennavi giustamente il tuo proposito di rimanere fra piccolo numero di veri amici. Parmi infatti che la molta società ed i suoi vani rumori non valgano il mite incanto di quella pace che si gode vivendo con pochi. Ciò per altro è da misurarsi col bisogno relativo d'espansione e di divagamento molteplice. Quanto a me, tal bisogno che in gioventù mi sembrava immenso, è ora sì lieve, che pochissimo conversare mi reca maggior contentezza, e quando m'è forza veder numerose persone, me ne sento contristato. Troppi cari ho perduto, ovvero mi stanno lontani! Con diversità solo di grado, tu devi essere in simile simpatia col vivere tranquillo e ritirato.

Mi figuro la gentile tua compagna in soavissimo accordo di gusti coll'animo tuo, e ciò rilevo da quanto me ne dici tu stesso. Due intelligenze elevate che si amano, possedono un tesoro inesauribile nel cambio de' loro pensieri e nelle vicendevoli cure. Possiate non aver mai società dispiacevoli, e soprattutto non avere la società, a me famigliarissima, dei patimenti! Or questa, or quella doglia mi visita, mi rivisita, e quando appena credo di poter dire che sto meglio, ecco nuovamente una o più doglie balzarmi addosso.

Non soffro volentieri, ma il veder altri soffrire gravemente mi è pena talvolta più crudele, e questa è pur una delle mie frequenti afflizioni. La salute dell'ottima marchesa di Barolo è da più anni assai misera. Nel dicembre abbiamo temuto di perdere questa preziosa vita; e soltanto da alcuni giorni il pericolo s'è allontanato.

Insomma, mio caro, mentre conosco che debbo essere grato a Dio d'avermi tanto prolungato l'esistenza e d'andar prolungandomela ancora, pur è vero che temo di sopravvivere a troppe altre dilette esistenze; onde confesso che non di rado invidio più chi parte che chi resta. Invidie inutili, lo so, brame inutili, timori inutili. Perciò procuro sempre di cacciar via tali ansie, ma sono anch'esse una delle mie infermità. Aspiro a perfetta rassegnazione, a pacatezza, a tranquilla fiducia, e tutti i giorni mi scopro inquieto, debole, e più valoroso ne' miei raziocini che nel mio sentire. Ricorro ognora per darmi forza alla ricordanza del carcere, e così infatti mi riesce di valutare le diverse croci. In paragone di quella, che fu sì orrenda, non ardisco più tanto lagnarmi di ciò che mi resta a patire.

Oh quante volte penso a te, ai sollievi che mi donasti in quella lunga vita di supplizi! - Ed ogni dì ti benedico e prego Dio che ti rimuneri. Conservami la tua cara amicizia, ne sento tutto il pregio; pochi conoscono il tuo cuore come lo conosco io-

Fa' gradire il mio omaggio a Sofia; sono altero della benevolenza di cui m'onora. Godo che le anime elette mi sieno indulgenti, bench'io in secreto sappia con rossore che non merito nulla. - T'abbraccio di tutto cuore. Salutami Porro e gli altri amici.

Il tuo Silvio Pellico

33.

[ottobre 1842][71]

Mio diletto Federico,

vedi quanto sei migliore di me. Pensavamo entrambi a scriverci, e non è strano che vi siano dei pensieri simpatici fra noi; ma la differenza sta tutta in lode tua; che sei stato più pronto, più generoso. Io invece, andato a Torino il 26 scorso, e trovatavi reduce la contessa di Masino, ebbi la consolazione d'aver nuove tue, di ricevere dal suo labbro i tuoi cari saluti, d'udire che finalmente era probabile una tua corsa fin qua, e subito arsi di desiderio di scriverti; ma ritornato in villa mi sentii stanco, aspettai che mi venissero ore buone, ore senza mal di capo, ore d'agevole respiro; i giorni passarono pigramente così. Oh! Il bell'amico che tu hai. Non è la prima volta che me lo dico vergognandomi. Ed il peggio si è che dopo aver fatto un meraviglioso atto d'umiltà chiamandomi indegno della tua preziosa amicizia, mi persuado tosto che nessuno possa volerti bene più di me, neppure la tua Sofia. Il cuor lo dice, e glielo credo, per quanto la gentile Sofia possa trovare disputabile e temeraria siffatta asserzione.

Ma insomma, io mi vanto, e tu operi; io penso a scrivere, e tu scrivi; e che t'immagini? Invece di dedurne motivi di grande confusione, io guardo la cosa da un altro aspetto, e deduco semplicemente che ho mille ragioni di volerti bene, giacché sei sempre tutto indulgenza e bontà per me.

Vieni, vieni a vedermi, affinché io abbia questa consolazione prima di morire. Non credere però ch'io sia bell'e pronto a morire; niente affatto. Con questa mia salute barocca, io vado avanti, si ch'è una meraviglia. Barocca posso dirla sempre, ma per quest'anno è meno male, e si può viver così fino a cent'anni. Il passato inverno non fu pessimo, in primavera il polmone fece qualche guadagno, in luglio si venne sulla collina e quell'aere

[71] Archivio Casati - Cologno Monzese all'epoca dell'edizione completa dell'epistolario di F. Confalonieri curata da G. Gallavresi - attualmente Milano – Raccolte civiche – Fondo Casati.

CONFALONIERI, *Memorie e lettere*, cit., p. 412-415; CONFALONIERI, *Carteggio*, cit., pp. 1164-1166. La lettera è priva di data. G. Casati la assegna all'ottobre del 1840, ma il matrimonio del Confalonieri con Sofia O Ferral avvenne l'anno successivo. La lettera va quindi assegnata, come ipotizza G. Gallavresi, o all'autunno del 1841 o all'autunno del 1842.

balsamico giovò ancora. L'agosto richiamò l'ottima marchesa di Barolo a Torino per sue faccende di carità, con essa abbandonai la campagna senza patirne; in settembre siam rinvenuti a questo tranquillo soggiorno, l'ottobre si passa ancor qui. Le piogge, il cessare del caldo m'hanno recato qualche doglia reumatica che mi storpia un po' la schiena, ma con discretezza. Siccome mi sono trovato tante altre volte in peggiore stato, avrei torto di lagnarmi. Tali sono le notizie fisiche che riguardano la mia meschina persona. Delle tue non son contento; ma ho grande speranza che, siccome risanasti bene dal deperimento carcerario grazie alla tua forte costituzione, così riacquisterai quella buona salute che avevi prima della tua malattia. La contessa di Masino[72] t'ha trovato un aspetto che non lascia timore, e sebbene l'aspetto non sia sempre un rappresentante fedele alla sanità, pure è generalmente un indizio valevole. Ad ogni modo ti consiglierei anch'io a non rimanere in questa parte d'Italia, per la stagione che ti è nociva, tu hai bisogno di un'aere mite, e ritornerai in primavera libero degli attuali incomodi. Ho inteso dall'ottima Masino, come già l'aveva inteso da tanti altri, che tutta Milano è concorde nel dire che Sofia è degnissima di te. Godo che rendano giustizia al merito di lei, e che tu sia fortunato di sì buona e gentile compagnia; il Signore non poteva darti maggiore benedizione; il cuor mio s'unisce al tuo per ringraziarlo. Una invernata in paese meridionale sarà vantaggiosa alla salute di essa come alla tua, ed è anche giusto che per amor di te essendosi ella fatta Italiana, tu le faccia conoscere la nostra penisola; il piacere che ne proverà, sarà una viva dolcezza per te che hai l'anima così squisita. I giorni del nostro Porro sono purtroppo amareggiati dalla condotta di Giacomo, il quale per altro va sempre promettendo di migliorarsi. Vorrei sperare, ma temo che la leggerezza di quel giovane sia un male incurabile. Il Cattaneo era un tal disgraziato da non lasciar rincrescimento alla povera vedova. Io m'aspettava quest'anno una visita d'Arrivabene, ma egli è tuo fedele imitatore nella crudeltà di farsi desiderare. Tutto il maggior moto ch'io posso fare senza perdere il fiato, si è il trasferirmi or a questa villa, or alla città, e qualche volta sino a Chieri dove ho la mia buona sorella, sempre travagliata da infermità dolorose più delle mie. Tocca adunque agli amici lontani a venirmi a vedere, giacché non posso andare in cerca di loro.

Vivo in pace fra poche anime eccellenti, e gusto questa dolce monotonia qual felicità adattata ad una creatura malaticcia e necessariamente inoperosa. La politica e la letteratura mi fanno sorridere come sogni di

---

[72] La contessa torinese Ottavia di Masino di cui il Pellico frequentava il salotto.

un'eta che ho passata. Non mi secco però mai; i patimenti non sono una lieta occupazione, ma tuttavia occupano, fanno pensare, diventano quasi natura, ed armonizzano colle consolazioni religiose. E poi non sono sempre patimenti gravi. Ciarlo, rido, leggo, gioco a bazzica, e mi riesce bastantemente di cacciare le idee melanconiche, persuaso che sono vane e contrarie alla carità. Insomma sono un uomo inutile, ma ci vuol pazienza. Tanto più debbo essere riconoscente a quelli che mi amano, e quindi a te, mio Federico, che fosti e sei sempre così buono per me. Bacia la mano a nome mio alla tua egregia moglie. Dille che le voglio proprio bene, dille che sono ansioso di dichiararglielo a voce. Quando dunque verrete? Il mio piacere sarà grande, ma ahimé! Tutto da egoista, non potendo esercitare quella cara ospitalità che meritereste, accompagnandovi qua e là come bramerei. Non son più di questo mondo, ma sono costantemente il tuo affezionatissimo amico. Addio, mio diletto, ama il tuo
Silvio Pellico
Salutami Porro, Borsieri, ogni nostro comune amico. T'abbraccio di tutto cuore, ma guai a te se scappi senza passare per Torino! Non te ne credo capace, ora che gli ostacoli sono cessati.

34.
Vigna Barolo, 14 ottobre 1842[73]

Carissimo Federico,
il mio ritorno in città sarà al 5 novembre, ma se intendi di fare una gita prima, avvertimi del giorno che arriverai a Torino; io mi vi recherò. O s'io non potessi recarmivi, tu potresti farmi una visita qui; la distanza è poca, si viene in un'ora o poco più.
Addio, amico dilettissimo. Bacio la mano alla gentile Sofia.
La mia salute è discreta, ad onta del fresco già rigidetto.
Addio. Sono con vivo desiderio d'abbracciarti.

35.
Torino, 4 novembre 1842[74]

Caro Federico, ti do le mie nuove. Il dì che ti scrissi le poche ultime righe, fui preso da febbre. Anche la marchesa di Barolo stava poco bene. Ciò fece

---

[73] CONFALONIERI, *Memorie e lettere*, cit., p. 417-418.
[74] CONFALONIERI, *Memorie e lettere*, cit., p. 418.

anticipare il ritorno in città. Qui mi apersero tre volte la vena, e di nuovo io respiro, ma prevedo un inverno penoso.

Per carità fuggi tu almeno questi climi. Non ardisco di ridirti di fare una corsa a Torino; l'atmosfera è già sì rigida che temo tu ne patisca. Alla marchesa sono state fatte due cavate di sangue, e segue ad aver febbre. Ama il tuo amico che ti vuol bene di tutto cuore. I miei ossequi a Sofia, mille saluti agli amici, il tuo [Silvio]

36.

[Torino] 7 novembre 1842[75]

Mio Federico.

Le nostre lettere del 4 si sono naturalmente incrociate, ricevo adesso la tua, e ti confermo il contenuto della precedente. Sono senza febbre. Vorrei che tu venissi, ma temo sia egoismo e forse ti farei in altro tempo men trista accoglienza. Quando soffro così, sono un'insipida creatura. Tuttavia il male diminuisce, e almeno non mi toglie d'aver sempre un cuore amantissimo, il quale gode di conoscere i pregi del tuo. - Non leggo le triviali e sguaiate lodi di certuni; forse uno di essi è lo scrittore che tu m'accenni. Gente di buon volere, ma nient'altro. - Scrittore d'ordine più rispettabile è quello della *Revue des Dueux Mondes*, ma parmi abbia preso sbaglio; né di tai cose m'inquieto punto.[76]

Bacia la mano a Sofia. Salutami gli amici. Ama il tuo aff.mo

Silvio Pellico

Perché il caro Castillia è andato e venuto senza mai saper trovare Torino nel suo passaggio? Digli che gli voglio bene però assai. - Dunque Bacchiega prende moglie! Oh amore!

37.

[Torino] 11 novembre 1842[77]

---

[75] Archivio Casati - Cologno Monzese all'epoca dell'edizione completa dell'epistolaio di F. Confalonieri curata da G. Gallavresi - attualmente Milano – Raccolte civiche – Fondo Casati.
CONFALONIERI, *Memorie e lettere*, cit., p. 418-419.
[76] Silvio Pellico dovrebbe riferirsi allo scrittore francese Charles Didier che nel 1842 gli aveva dedicato un lungo articolo sulla Revue. L'articolo è attualmente scaricabile da wikipedia al seguente link:
http://fr.wikisource.org/wiki/Po%C3%A8tes_et_romanciers_modernes_de_l%E2%80%99Italie_-_Silvio_Pellico

Mio caro Federico!

V'è bensì miglioramento e v'è cessazione di febbre, ma patisco e son debole. Meglio è che ci vediamo - spero - al tuo ritorno dal viaggio meridionale. Frattanto, mio carissimo, ti sono grato della buona volontà. I miei voti accompagnano te, accompagnano tua moglie; v'auguro buona salute ed ogni bene.

Addio. Ama l'amico tuo affezionatissimo Silvio

Scrivimi quando partirai

Salutami gli amici

38.

[Vigna Barolo], 1 giugno 1843[78]

Mio dilettissimo Federico!

E' pur tempo ch'io ti domandi le notizie vostre e che tu me le dia; so da lettera di Borsieri il vostro felice arrivo a Milano. Dopo un lungo viaggio, è forza per alcuni giorni di occuparsi d'amici presenti, ma poi ti sovvenga d'un assente che t'ama quant'altri possa amarti, e più di mille altre. Dimmi se la salute tua, che tanto m'interessa, s'è trovata bene del passar l'inverno in quei bei paesi che hai visitati; dimmi se la buona Contessa ha altresì avuto, per la salute sua propria, ad esser contenta del viaggio; dimmi se or non sentite stanchezza soverchia. Mi pare che se non vi fosse stato questo motivo della stanchezza e d'un bisogno di riposo, avreste fatto in modo dischiudere il vostro peregrinare passando per Torino. Io pensava e desiderava così, e la mia brama andò delusa. Dopo la mia malattia di Novembre e Dicembre, che ben credetti essere l'ultima, riacquistai una piccola provvisione di fiato, e or m'avresti trovato in piedi e con bastevole voce. Non ho febbre, posso digerire, ed il mio maggior male è soltanto il poco e penoso dormire, per l'affanno di petto che patisco nelle ore notturne. Prima del tuo viaggio, quando m'accennavi ch'eri pronto a fare una corsa fin qua, ti confesso che fui in grande tentazione di risponderti assolutamente: vieni. Ma nol feci per non cagionarti un'inutile pena, tanto più sapendo che la tua stessa salute non era felice. Sarei stato inconsolabile, se fosse accaduto che per venire a Torino in giorni già freddi, il tuo petto avesse patito e ciò t'avesse fatto ammalare. Io anche sentiva che, se tu fossi allora venuto, il mio misero stato t'avrebbe molto amareggiato. Fu dunque

[77] PELLICO, *Poesie e lettere inedite*, cit., p. 94.

[78] PELLICO, *Poesie e lettere inedite*, cit., p. 95.

bene così, ma fu per parte mia un sacrificio che mi costò. Allorché potrai venire a darmi un abbraccio sarà un bel giorno per me; ma credo che non ardirò mai sollecitarviti, essendomi cosa troppo evidente che con questo mio vegetare così infermiccio, così debole, non ti sarei fuorché oggetto di afflizione, e non di sollevo alcuno. Ciò che assolutamente voglio, mio ottimo Federico, si è che tu sempre mi ami e talvolta mi scriva. Ogni tua lettera, ogni tuo segno d'amicizia è di pregio sentitissimo per me, e avrei ben voluto che in questa tua lontananza da Milano tu fossi stato ispirato a scrivermi qualche riga, a darmi un tuo indirizzo perch'io potessi mandarti un buon giorno. Pazienza! Almeno abbi presente ch'io sono uno dei tuoi più affezionati amici, e prendi subito la penna per farmi passar teco alcuni dolci momenti.

I miei omaggi a tua moglie. Mille saluti ai nostri amici. Di' a Borsieri che ho fatto tener la supplica al conte della Margherita, e che questi aspettava il ritorno del Re per presentargliela. Or l'avrà presentata, od è cosa imminente. Tosto ch'io abbia risposta, ne darò notizia a Borsieri, e spero ei potrà venire. - Non so quando La Cisterna arrivi; non dovrebbe tardare. Quest'infelice amico non può consolarsi delle due perdite crudeli che ha fatte. - E le nuove della povera Castellenego sono sempre le stesse. Vive ancora, ma senza possibilità di guarigione. Può durare qualche settimana, o forse qualche mese.

Da alcuni giorni io sono in villa sulla collina. Scrivendomi, poni l'indirizzo, al solito, semplicemente: Torino, Casa Barolo.

T'abbraccio e t'amo con tutto il cuore, e sono
il tuo Silvio Pellico

39.

[Vigna Barolo], 7 giugno 1843[79]

Carissimo Federico,
ecco finalmente una tua buona lettera; l'ho letta e riletta con tutto il piacere che puoi immaginarti, godendo che per te e per tua moglie il vostro viaggio sia stato giovevole, godendo che tu mi voglia sempre bene, godendo ch'io t'abbia a rivedere, e forse presto. Vieni quando vuoi. Il tempo di riabbracciarti sarà felice ognora pel tuo amico, e tanto meglio se ciò sarà presto. Io sono ad una villa vicino a Moncalieri, detta la Vigna Barolo. Allorché sarai a Torino, vieni a vedermi a questa Vigna; è una corsa d'un ora; ovvero giunto a Torino scrivimi due righe facendole rimettere al

---

[79] PELLICO, *Poesie e lettere inedite*, cit., p. 98.

portinajo di Casa Barolo che subito me le manderà, e volerò da te. La
Cisterna è arrivato; non ho ancora potuto vederlo; domattina vado a Torino
per qualche ora, spero lo troverò.
Chiudo, per subito spedirti questa lettera a Mezzana Bigli. Tante cose alla
Contessa. Salutami gli amici. Non ho ancora veruna risposta della supplica
data per Borsieri.
Il tuo Silvio

40.

[Torino, giugno 1843][80]

Mio Federico, se sapessi che presto rientri all'albergo, t'aspetterei. La mia
benedetta oppressione mi tormenta un poco, e penso esser meglio ch'io
vada a casa ad aspettar te. Oh che impazienza ho di rivedere il mio
eccellente amico! Oh quanto sei buono d'esser venuto a riabbracciarmi!
Figurati la mia impazienza, vieni, vieni, a consolare, a rallegrare il tuo
Silvio.

[80]Archivio Casati - Cologno Monzese all'epoca dell'edizione completa
dell'epistolario di F. Confalonieri curata da G. Gallavresi - attualmente
Milano – Raccolte civiche – Fondo Casati.
Il biglietto del Pellico al Confalonieri è privo di data. G. Casati lo assegna
all'autunno del 1842, mentre G. Galllavresi lo assegna all'estate del 1843.
Io credo che sia più verosimile la seconda ipotesi, perché nell'autunno del
1842 Silvio Pellico aveva scritto a Federico Confalonieri per dirgli che si
trovava in cattive condizioni di salute e che era meglio che l'amico lo
passasse a trovare al ritorno dal suo viaggio.

Federico CONFALONIERI   Teresa CONFALONIERI
dipinto di ignoto   CASATI
Torino, Museo nazionale

41.

[Vigna Barolo] 25 giugno 1843

Carissimo Federico,
il tuo ritardo a scrivermi m'inquieta; lo stato d'oppressione in cui t'ho
veduto, ha egli durato? Come ti trovi? Se non sei in grado di scrivere tu
stesso qualche linea, dì a tua moglie che La prego di farlo per te; gliene sarò
molto grato. Il tempo è stato sì contrario, che io medesimo sono di nuovo
stato oppresso più gravemente dopo la tua partenza; ho avuto delle notti
pessime per insonnia e soffocazione. Ad ogni istante ripenso a te, alla tua
cara visita, alla consolazione avuta, alla pena che vi si è frammista,
scoprendo che stai meno bene di quel ch'io m'immaginava. Tu hai una certa
forza, ma nondimeno patisci quegli stessi incomodi penosissimi di respiro
che mi travagliano. Oh che misera sorte! Quanto ti compiango! Nondimeno
quell'aspetto di forza che hai dimostra che, nonostante siffatti, v'è in te un
buon fondo di vita. Mi pare che la medicina potrebbe ancora fornirti
qualche metodo efficace per una vera guarigione, e non per semplici
palliativi. Bada a consultarti, a curarti. Il tuo patire così m'ha lasciato
un'afflizione che non ti posso esprimere, e che mi si ridesta di giorno e di

66

notte. Povero amico! Il venirmi a vedere è stato causa di quell'accesso. Io che non vorrei esserti cagione fuorché di contentezza, lo sono stato del tuo male! Questo pensiero m'è doloroso. Almeno la cosa fosse stata passeggera e ora tu fossi in miglior salute! Aspetto con ansietà le tue nuove. La scorsa settimana Borsieri mi scrisse per dirmi che avea ricevuto le mie lettere; una di queste, posteriore a quella mia che tu gli recasti, gli annunziava che la permissione del Re gli è conceduta. Nel parlarmi di te, Borsieri non mi dice che tu sia malato e quindi spero che tu nol sia; ma il tuo silenzio così prolungato mi è motivo d'inquietudine. Ho bisogno di sapere come tu ti senta. - S'io t'avessi veduto in buona salute, sarei tutto giubilante della visita del mio Federico. Ah! Perché non ho potuto gustar tutta intera quella gioia? Ti ringrazio della prova dolcissima d'amicizia che m'hai data - la buona marchesa di Barolo, che già tanto ti stimava, prende vivissimo interesse alla tua salute. Ella ha avuto piacere di conoscerti personalmente, e sol le incresce che le giornate non ti sieno state favorevoli. Penso che La Cisterna sia a Reano. Co' miei affanni di petto, rinunzio all'idea ch'io aveva d'andarlo a trovare. Capiterò a Torino un dì ch'io sappia ch'ei vi sia. - Godo assai che Borsieri possa venire; egli aspetta che La Cisterna voglia uscire da quella solinga vita in cui per ora il suo animo ha d'uopo di tenersi e che tuttavia forse gli è dannoso. Gli amici di La Cisterna temono che quello stato di mestizia gli sia nocivo alla salute e vorrebbero ch'ei tornasse a maggiore energia.

T'abbraccio di tutto cuore, i miei ossequi alla tua eccellente moglie; tutto ciò, che di essa m'hai detto, aggiunge infinitamente al pregio particolarissimo in cui la tengo. Addio. Ama sempre il tuo amico
Silvio Pellico

42.

[Estate del 1843][81]

Mio Federico
Se sapessi che presto rientri all'albergo ti aspetterei. La mia benedetta oppressione mi tormenta un poco e penso esser meglio ch'io vada a casa ad aspettar te. Oh che impazienza ho di rivedere il mio eccellente amico! Oh

---

[81] Archivio Casati - Cologno Monzese all'epoca dell'edizione completa dell'epistolario di F. Confalonieri curata da G. Gallavresi (attualmente Milano – Raccolte civiche – Fondo Casati).
CONFALONIERI, *Carteggio*, cit.

quanto sei buono d'essere venuto a riabbracciarmi! Figurati la mia impazienza, vieni, vieni a consolare, a rallegrare il tuo Silvio

Lunedì

43.

[Estate del 1843][82]

Mio carissimo Federico,
or che ho una lettera tua che m'assicura della tua salute, sono contento, ma tuttavia duolmi che la precedente di cui mi parli siasi smarrita. Il pronto scomparire della tua oppressione mi lascia sperare che non vi sia pericolo di ritorno, massimamente ora che la stagione estiva non è più per burla. Ho letto la tua lettera alla marchesa; anch'ella si rallegra che quel penosissimo incomodo ti sia passato, ed ha riso della tua amabile ipotesi che vi sia stata qualche santa influenza nel fazzolettino. La mia posizione è qual tu dici, molto fortunata, e lo sento al pari di te; ma tu mi manchi davvero, e non ho potuto separarmi da te senza provare uno di quei profondi rincrescimenti che durano. Invan mi dico che m'è stata dolce la tua cara visita e che devo assaporare la contentezza d'averti finalmente riveduto. Quel tempo fuggì così rapido! I nostri cuori si espansero e pur si dissero così poco! Lo scriverti è bensì una certa compensazione, ma senza imperfettissimo, in confronto del vedersi e favellarsi. Lasciami credere che potrai qualche volta venire a Torino con tua moglie per rimanervi un po' lungamente; la mia immaginazione vagheggia questa possibilità e spesso torna a questa idea.
Non ho più veduto il nostro infelice amico La Cisterna, e non ardisco andare a turbare quella specie di pace che'egli invoca dal vivere segregato in campagna. Starò attento per vederlo quand'egli capita in città: finora non ho potuto cogliere l'ora buona. Penso che non vorrà indugiar lungo tempo a scrivere a Borsieri che venga.
Io ho avuto per una settimana una buona provvisione di doloretti e miserie. Or, grazie al caldo, sto meglio, ma ho poche forze di stomaco, e tutta la macchina langue. Procuro almeno di non lasciar cadere lo spirito, e Dio mi

[82] Archivio Casati - Cologno Monzese all'epoca dell'edizione completa dell'epistolario di F. Confalonieri curata da G. Gallavresi (attualmente Milano – Raccolte civiche – Fondo Casati).
CONFALONIERI, *Carteggio*, cit.

fa questa grazia, benché io non possa occuparmi con molta attività. Confesso che il pensiero d'essere alla presenza di Dio mi salva sovente dal pericolo d'abbattermi o d'annojarmi. Senza tal convincimento, la malinconia mi predominerebbe e non avrei conforto alcuno. Sia dunque mille volte benedetta la Religione che, tutto promettendoci al di là della tomba, comincia anche a raddolcire i nostri mali quaggiù!

I miei ossequi alla tua riveritissima moglie, e tante cose agli amici, fra i più cari dei quali si annovera il nostro buon Mompiani. Digli che voglio essere amato da lui quanto l'amo io. T'abbraccio e sono di tutto cuore

il tuo affezionatissimo Silvio Pellico

44.

[Vigna Barolo] 25 settembre 1843[83]

Mio caro Federico,

dove sei? Come hai passato questi mesi? Quali intenzioni hai per la stagione invernale? Dammi le tue nuove e quella della Contessa. Vorrei che quando fuggirai il freddo, ti bastasse d'andare a Nizza e che tu passassi per Torino; perché dopo tanti lunghi viaggi, or non ti limiteresti a ciò? Così ci guadagnerei un tuo amplesso nell'andare, un altro nel venire, e la conoscenza personale della tua ottima Sofia. Che ne pensi? Frattanto scrivimi; io non voglio che tu mi ponga in dimenticanza. Tu sempre mi sei presente e spesso parlo di te. Hai tu potuto riuscire a non patir più quella difficoltà di respirazione da cui fosti travagliato in quel breve soggiorno fra noi? Lo voglia il Cielo! Siffatto male mi va al solito ognor molestando. La scarsità di caldo in tutta l'estate e le bizzarre disuguaglianze di temperatura mi sono state sfavorevoli. Non ho per altro sofferto eccessivamente. Or l'aere d'autunno m'è più sfavorevole ancora, e patisco un po' di più, massimamente la notte. Mi conservo come posso, non senza sufficiente disinvoltura; tutte le arti s'imparano esercitandole, ed anche il soffrire.

Quindici giorni sono, ricevetti una lettera di Solera[84] che mi commosse. Io non aveva mai più avuto occasione d'essere in alcun rapporto con lui. In questa lettera ei mi diceva che in prima gli amici gli nascosero il contenuto delle memorie d'Andryane contro di lui; che poscia, informatone e rimastone addoloratissimo, aveva portato in silenzio quest'afflizione, e che ora la famiglia lo moveva a non tacere più oltre, giacch'egli protesta non

---

[83] PELLICO, *Poesie e lettere inedite*, cit., p 104. .
[84] Antonio Solera

aver mai detto nulla a Paulowich[85] né ad altri che potesse far merito a se stesso col danno de' compagni. Egli mi unì una copia d'uno scritto ch'egli intenderebbe pubblicare diretto ad Andryane, e per la cui pubblicazione ho invocato il permesso di Vienna (permesso finora non ottenuto). Indi a pochi giorni, Solera passò a Torino andando a Genova, venne a vedermi, e ridissemi a voce, con ogni calda assicurazione, Moretti ed Andryane essersi crudelmente dati a sospettarlo senza alcun fondamento, ecc. - Davvero ne fui commosso, tanto il suo linguaggio mi par naturale. Gli risposi che, sebbene egli fosse in diritto di pubblicare una protesta, nondimeno poco è sempre l'effetto delle apologie. Ci riflettesse, si calmasse, e ritenesse per certo che l'essenziale si è d'aver la coscienza tranquilla. Ei capisce, si rasserena, ma geme. Dice che né Mompiani, ne Ducco, né alcuno di quelli che lo conoscono intimamente, gli ricusano il loro compianto in tanta disgrazia, tutti persuasi che le apparenze da cui Moretti ed Andryane furono impressionati, non poterono essere prodotte che da equivoci e da triste fatalità. Ciò può realmente essere avvenuto, e quindi tutto questo è deplorabile. Ma che farci? Ascoltare, compatire, lasciare a Dio il giudicare dei cuori. - Mompiani te ne avrà parlato.
Quando vedrai il caro Mompiani, salutamelo tanto, e così salutami agli altri nostri comuni amici. Ti sarà occorso di veder Collegno; egli è venuto a trovarmi prima della sua partenza per Milano. M'ha fatto piacere il conoscerlo di persona; non c'eravamo mai incontrati in passato. So ch'egli e d'animo eccellente, e la sua schietta fisionomia l'esprime. Dagli il buon giorno per me.
La marchesa di Barolo, ti saluta. Siamo da pochi giorni a godere sul colle queste aure balsamiche, sebbene un po' fresche. Prima di ciò, ella erasi ammalata a Torino nell'agosto; ora va migliorando. Staremo in villa finché il tempo permette. Io qui ti vedo in ogni stanza ove sei stato, ti vedo in questo e in quel luogo del giardino. M'è sempre dolcissimo il pensare a te, il favellare del mio Federico. Serbami tutta quella preziosa amicizia che m'hai data. - Addio. Stringi per me la mano a tua moglie. T'abbraccio di tutto cuore e sono
il tuo Silvio Pellico

45.

---

[85] Il confessore dei detenuti politici allo Spielberg su cui pesava il sospetto di essere una spia, cioè di riferire tutte le confidenze dei detenuti, anche quelle ricevute nel segreto della confessione, nei suoi rapporti all'imperatore.

Mio carissimo Federico,
dacché ho ricevuto la tua lettera ho spesso pensato con pena al ritardo che, per cagione della malattia di tuo zio, hai posto al viaggio. Molto importa per la tua salute, che tu vada a respirare in paese non freddo. Toglimi d'inquietudine, e scrivimi quando parti e dove hai determinato di passare l'inverno, ovvero se risolvi d'affrontare in Milano questa brutta e lunga stagione; il che non vorrei, stante l'esperienza che ha pur troppo del danno che il freddo ti reca. Dimmi se quel povero zio vive tuttora. Io non cesso, mio ottimo amico, d'averti presente, parlo di te, penso a te con mille care e dolorose ricordanze, e con vivo desiderio che tu abbia tante consolazioni quanti hai avuti patimenti. Allorché si sono provate vicende strazianti come le nostre, l'anima non può più abbondare in allegrezza come a' tempi giovanili, ma si possono ancora gustare dolcezze intime che consolano. Il Cielo te ne dia costantemente per mezzo delle persone che ti stanno vicine! Non è necessario un circolo esteso d'azione, né d'amici; pochi cuori, che s'intendano e si apprezzino, bastano ad ornare di qualche contentezza la vita dell'uomo disingannato e fatto pensoso dal dolore. Io pure ciò esperimento. Sono bensì divenuto straniero agli impeti di gioia, ma pur mi restano alcuni sentimenti di conforto soave, che or preferisco ad allegrezze più animate ed illusorie. Il mondo val poco, e tuttavia qua e là ognuno può accostarsi ad alcune anime che meritano stima; i cattivi ed i troppo sciocchi cerco di non mirarli, o di mirarli con indulgenza. In parecchie ore solitarie, se la testa od il petto non mi dolgono, leggo, scrivo, ed altre volte invece scorro collo spirito di riflessione in riflessione e rammento i cari amici lontani, ed intanto le ore si succedono per me senza noia. Le vive afflizioni che solamente ho talora, sono al vedere afflizioni altrui, malattie, morti. Allora il sentimento religioso mi rinforza, e qualche istante di preghiera mi consola sufficientemente per non rimanere abbattuto. Non di rado mi tocca udir misere osservazioni di certi dottori ai quali incresce che le ricerche della mia mente non m'abbino condotto ad altro che al cattolicesimo. Rispondo loro con pace e senza dilungarmi in vane spiegazioni. Molti mi amano egualmente, benché d'opinione diversa! Taluni diventano pungenti; io sono grato ai primi e degli ultimi non mi curo. Per lo più questi ultimi sono viaggiatori che onorandomi di qualche visita, vorrebbero innalzare la mia intelligenza al livello della loro e ripartono attoniti che, senza esser sciocco, io pur pensi non a modo loro, ma a modo mio. Oh quanti di essi muteranno

---

[86] PELLICO, *Poesie e lettere inedite*, cit., p. 105.

a poco a poco sovra alcuni punti essenziali le loro opinioni, e finiranno un dì per avere un convincimento simile al mio! Oh quanti si accorgeranno non esser vero che la religione sia contraria ai lumi della civiltà! Conservami, caro Federico, un posto distinto nella tua benevola memoria. I miei omaggi alla tua virtuosa Sofia. Tanti saluti al picciolo drappello dei nostri antichi amici.

Il tuo Silvio Pellico

46.

Torino, 19 dicembre 1843[87]

Carissimo Federico,
ricevetti giorni sono la tua lettera che m'annunziava la tua partenza, e rimisi al signor Briano[88] la lettera a lui diretta e le lire 30. Duolmi che il tuo desiderio d'andare a provare il clima delle parti meridionali di Spagna sia stato contrariato, e vorrei che la risposta che aspetti ti fosse favorevole. La negativa è stolta, quand'anche vi sieno presumibilmente altri climi, propizi alla tua salute. Perché avrebbesi a mettere ostacolo ad una volontà innocua? Ed in questo caso il supporla nociva non ha senso. Ma ciò che più mi fa pena, caro amico, si è che, ritardando il viaggio, tu ti sia ammalato in Milano e abbia dovuto partire in così misera sanità.
Scrivimi presto qualche riga, per dirmi se non hai troppo sofferto il freddo nell'andare a Genova, se ivi sei giunto con bastante forza e bastante respiro da poter subito proseguire sino a Marsiglia. Dimmi come stai ora in codesto aere meno rigido, e se puoi fermarti costì, e dove poscia andarai. Non potendo viverti vicino ho d'uopo almeno di seguirti col pensiero e di farmi un giudizio dell'esistenza che vai traendo : del tuo patire, del tuo migliorare, delle tue contentezze; e vorrei che tu non avessi altro che contentezze. Poiché ciò non è possibile, desidero che tu ne abbia frequentemente alcuna dolcissima, e che inoltre la tua salute si rinforzi ovunque tu vada. L'anima mia, grazie al Cielo, non è né senza croci né senza consolazioni. Il povero corpo langue al solito, ma pur sono fortunato, di non avere di que' patimenti acuti che son difficili a sopportarsi. Mi è un po' penoso questo stento di respiro, ed anche mi danno qualche molestia certi momenti di vertigine, che pajono momenti di morte. Per altro vivo sempre. La buona marchesa di Barolo ti saluta; essa sta bene. Ho buone nuove di Porro, tutto pago del matrimonio di Gilberto. Addio, mio Federico. Conservati e dammi le tue

---

[87] PELLICO, *Poesie e lettere inedite*, cit., p. 112-114.
[88] Lo scrittore torinese Giorgio Briano.

notizie. I miei rispetti alla tua gentile Sofia: se t'avviene di vedere il vescovo di Marsiglia, che ho qui conosciuto due anni sono, presentagli i miei umili ossequi.

T'abbraccio di tutto cuore e sono
il tuo amatissimo Silvio Pellico

47.

Torino, 7 maggio 1844[89]

Mio carissimo Federico,
odo da La Cisterna che tu sei a Milano. Dimmi come hai passato l'inverno in quel buon clima di Algeri, dimmi come ora stai e come sta tua moglie. Io sono in piedi, non ostante alcuni un po' fieri incrudimenti de' miei malanni. Peggioro e miglioro, e così vo campando senza notevoli differenze. Il freddo fu mite e nondimeno patii la stagione; or sembra che la primavera mi giovi alquanto. Non ho passato giorno senza pensare al mio amico viaggiatore. Siete voi venuti con una buona provvisione di salute? Sei tu libero di quelle difficoltà di respiro? Hai tu in animo di riposarti in patria quest'estate, o già vagheggi l'idea di recarti a bagni lontani? Chi molto viaggia sa difficilmente fermarsi; e ciò vieppiù è naturale allorché, per vicende avvenute e per complicate afflizioni, il paese nativo non offre grandi dolcezze. Pur sembrami che il vivere così in frequenti peregrinazioni abbia un inconveniente grave; quello di rendere vie meno gustabili quelle dolcezze che il paese nativo offrirebbe, dimorandovi maggiormente. Mio desiderio è che ora ti fermi e soltanto faccia lievi corse, come di venire a visitare Torino e la Vigna Barolo. Oh questo sì, che sarebbe da galantuomo! E condurre teco Sofia a far conoscenza con Torino e colla mia piccola persona, avanti ch'io faccia il gran viaggio per l'altro mondo. Porto speranza che verrete, e quest'idea m'è cara.

Verso gli ultimi del mese andremo alla Vigna. La marchesa di Barolo qui in città s'affatica oltre le sue forze, occupandosi senza posa de' suoi stabilimenti di carità; la sua salute è misera; l'aria di campagna e un poco d'ozio le saranno, spero, giovevoli. Io non fo nulla, e tuttavia sento anche bisogno di maggior riposo. In campagna sono meno perseguitato da visite di gente che non conosco; qui siffatte cortesie or di stranieri or de' nostri provinciali, non le posso respingere, e talvolta mi stancano assai, perché sono scene di pura curiosità e non d'affetto. peggio poi quando mi capita qualche sapiente, voglioso di disputare e d'insegnarmi ad essere miglior

---

[89] PELLICO, *Poesie e lettere inedite*, cit., p. 115.

pensatore che non sono sulla politica, sulla religione, ecc. Si danno una pena inutile; ognuno serba quelle opinioni che si è fatte, ma intanto mi lascio alcune volte andare a soverchio esercizio di polmoni e tutto quel che io guadagno, si è di rimanere più bolso e più spossato. Per quanto posso, io evito le discussioni religiose e filosofiche, - e sempre poi le letterarie, non trovando più che mi si dicano cose nuove e non da me cento volte considerate. Ciò che sempre mi piace, si è il conversare tranquillo con qualche buon amico, con qualche donna gentile; e nel resto del tempo amo la solitudine, un libro, una chiesa, un po' di musica e le mie ricordanze del cuore.

Ho la fortuna di non annoiarmi: poco basta a rendermi occupato. La mia vita attuale non è abbondante di gioja, ma è dolce quanto può esserlo a chi abbia perduto molti cari. Ad ogni tratto ho una commemorazione dolorosa; siamo circondati da sepolcri!

Vivi molti anni, mio caro; ho gusto che tu sia quaggiù e voglio che tu stia bene. Salutami i nostri amici. - Porro ha acquistato una gentilissima nuora. Di' loro tante cose per me. Idem al caro Borsieri, il quale duolmi che sospenda per adesso il divisamento di venire a passare qualche giorno con la Cisterna. - Fa gradire a Sofia una buona stretta di mano dal
tuo amico Silvio Pellico

48.

Torino, 20 luglio 1844[90]

Mio dilettissimo Federico.

E' un secolo che non ho lettere da te, ottimo amico. Quando seppi dal nostro La Cisterna ch'eri di ritorno a Milano, io ti scrissi e non ho avuto risposta. Soltanto mi fece Porro i tuoi saluti. Capisco i ritardi epistolari, e so come talvolta si prolungano, sebbene l'amicizia non languisca nei cuori. Ma ora dammi un momento, scrivimi qualche riga. Siete voi sani, tu e la gentile Sofia? Io nol sono; ho dovuto stare più giorni inchiodato in letto, per quello squilibrio dolorosissimo di nervi e quelle oppressioni e palpitazioni che tu anche, purtroppo, conosci. M'ammalai alla vigna Barolo, a dispetto di quell'aere eccellente. Passai colà il giugno, poi seguitai in Torino a soffrire. Riposo e dieta, o piuttosto il tempo ha dato calma a questi poveri nervi e cuore palpitante. V'è un po' di miglioramento, ma con resto non lieve di pena e con gran debolezza di polmoni. Non mi si permette di parlare, e se rompo il divieto, ne patisco. Tuttavia, siccome assai altre volte fui in questo

---

[90] PELLICO, *Poesie e lettere inedite*, cit., p. 116.

stato, non deduco dagli attuali patimenti che il caso sia più serio che in passato. M'ammalo, poi fo una mezza guarigione, e così d'anno in anno, o di mese in mese, finché a Dio piacerà. Intanto fra qualche dolore, penso alla vita e alla morte con quella pace che addolcisce i mali, e non sono infelice. Sto quaggiù volentieri e parmi che volentieri me n'andrò.

La buona marchesa di Barolo è sempre un angelo di indulgenza e d'amichevole compassione per me. Le poche altre persone ch'io vedo mi portano qualche affetto, e io sono grato a tutti coloro che mi vogliono bene. Non credere ch'io ponga mai in dimenticanza il mio Federico e le obbligazioni infinite che ho a questo impareggiabile amico. Pensare a te, e pregare per te, m'è un bisogno, una dolcezza. Bramo, dimando, che tu viva sano, amato, consolato, felice.

Addio, fa gradire i miei ossequi a Sofia. Saluta i nostri amici. Porro m'ha scritto da Masino e mi diceva che Borsieri ha di nuovo intenzione di fare una corsa in Piemonte. S'egli può finalmente effettuare questo divisamento, sarà un giubilo per me. E quando rivedrò io te, caro amico? Quando avrò il piacere di far conoscenza con Sofia? Poni frattanto mano alla penna, mettimi un po' al corrente delle cose tue, dimmi se la tua salute regge sufficientemente, come te l'auguro di tutto cuore.

T'abbraccio e sono
il tuo affezionatissimo amico Silvio Pellico

49.

Roma, 14 marzo 1846[91]

Mio carissimo Federico,
una delle miserie della lontananza e d'una sorte diversamente segnata, si è che due amici possano stare lungo tempo senza dirsi nulla l'uno all'altro. Mi duole d'essere stato più in silenzio che non avrei voluto, e so, amico mio, che tu mi scusi, massimamente essendoti noto in qual serie di infermità io sia condannato a trarre questo durevole, ma sempre scarso respiro. Ho saputo i gravi patimenti tuoi, e mi viene scritto che or sono bensì alleggeriti, ma non ancora dissipati. Non passa giorno ch'io non rammemori te, la fratellanza delle nostre sventure e le doti rarissime del cuore che in te ho allora scoperte. E' difficile che altri abbiano occasione di conoscere tutta l'anima tua come l'ho conosciuta io. Nel mondo, le vicende, le apparenze, le commedie sociali sono così complicate che nascondono in parte il valore intimo d'un uomo. Pensa se, compiacendomi di conoscerti e d'amarti, io

---

[91] PELLICO, *Poesie e lettere inedite*, cit., p. 117.

vorrei saperti sano e contento, e se m'affligga il tuo patire! Spero sempre che, non ostante la prolungazione delle tue malattie, una buona e vera convalescenza loro succeda per ridarti forza ed equilibrio di salute. I corpi gagliardamente costituiti come il tuo si vedono talvolta giungere, dopo lunghi sconcerti di forza, ad un'età inoltrata, liberi di malanni. Ah! Sarebbe pur tempo che ciò alfine avvenisse! - Ma intanto che soffri, mio povero Federico, son sicuro che questa terribile prova non è perduta per te. L'esercizio del coraggio e della pazienza porta frutti che Dio ama e benedice.

Io, ch'ebbi da natura un corpicciuolo misero, non ho mai verisimiglianza di guarigione ed ho imparato a rinunziare a quest'idea. Il solo prodigio che posso fare, si è di vivere per anni con palpitazioni e soffocamenti e scosse e brevi intervalli di miglioramento. Uno di questi intervalli fortunati mi toccò nella scorsa estate e mi lasciai sedurre ad un tentativo. Mio fratello che stava in Genova, doveva imbarcarsi per Roma, e mi decisi ad accompagnarlo, stante che la marchesa di Barolo dovea poi recarsi a Roma per via di terra, e fermarvisi l'inverno. Non parevami di poter affrontare la lunga fatica delle poste, ma sperava che la rapidità del tragitto per mare mi convenisse e mi risparmiasse il troppo soffrire. Tutti del resto mi dicevano ch'io trarrei qualche vantaggio dal passare un inverno in un paese lontano dalle nostre fredde Alpi. La cosa andò benino fino a Roma, ed ahimé! non durò. Qui venni in breve assalito dai noti soffocamenti, e peggiori di prima. Dovetti stare settimane in letto, trangugiare digitale, cadere in somma debolezza, risorgere, ricadere, tornare a sorgere un tantino, e contentarmi di guadagni di poca forza. Talché mi reputo felice or che di nuovo posso uscire di casa, con esercizio non lungo a piedi o in carrozza. Se eccedo menomamente, la sconto; ed insomma io sono un ammalato che non ama di stare in letto, e niente più.

Ho veduto a grado a grado le infinite rarità e rovine e meraviglie d'arte, ecc., e ne sono incantato. Non tutto veramente ho veduto, ma il più. - L'oggetto della venuta della marchesa di Barolo è stato d'ottenere la sanzione pontificia a due istituti di Religiose da lei fondati, i quali avevano sinora la sola approvazione episcopale. Il Santo Padre ha dato la sua, e or quindi potremo ripartire. Aspettiamo la Pasqua, e poi ci metteremo in via. Sono in dubbio se andrò a Firenze per terra, o se non sarò costretto ad imbarcarmi a Civitavecchia, tanto le carrozze m'affaticano.

Ti prego di far gradire i miei ossequi a Sofia. Addio, t'abbraccio di tutto cuore. Salutami i cari Porro, il nostro Borsieri, il nostro Castillia, tutti gli amici; ho fiducia che mi conservino benevolenza, come a tutti la conservo, e sono segnatamente convinto di possedere la tua. Abbi cura della povera tua salute e non tralasciar nulla per renderla buona, o almeno comportevole. Mi farai gran piacere se mi scrivi qualche riga. Sono costantemente e sarò in eterno

il tuo affezionatissimo amico Silvio Pellico

Uno dei corridoi del carcere dello Spielberg in cui Pellico è stato chiuso dal 1822 al 1830 e Confalonieri dal 1824 al 1836. L'ambiente malsano del carcere influì negativamente sulle condizioni di salute di entrambi.

Scheda biografica del conte Federico Confalonieri:
(Milano 1785 - Hospental [Svizzera]1846)
Nobile milanese, finanziatore insieme al conte Luigi Porro Lambertenghi della rivista *Il Conciliatore*, creò la sette segreta dei Federati per lottare contro la dominazione austriaca. Arrestato dopo le confessioni di Giorgio Pallavicino venne condannato a morte, ma, grazie ad una petizione firmata da molti esponenti dell'aristocrazia e dall'arcivescovo di Milano, la sua pena venne commutata in quella del carcere a vita. Liberato dallo Spielberg nel 1836 venne deportato negli Stati Uniti. Rientrato a Milano grazie ad un'amnistia si sposò, in seconde nozze, con la nobildonna irlandese Sofia O'Ferral. Nel 1830 era morta, infatti, la prima moglie di Federico Confalonieri la contessa Teresa Casati che aveva compiuto diversi viaggi a Vienna per ottenere dall'imperatore austriaco prima la revoca della condanna a morte e poi condizioni di prigionia meno dure per il marito. (G. RUMI (A CURA), *Federico Confalonieri aristocratico progressista nel bicentenario della nascita (1785-1985)*, Milano, Cariplo, 1987).

Bibliografia

**Edizioni delle lettere indirizzate
da Silvio Pellico a Federico Confalonieri:**

Edizioni cartacee:

S. PELLICO, *Epistolario*, raccolto e pubblicato a cura di G. STEFANI, Firenze, Le Monnier, 1856.

ID., *Poesie e lettere inedite*, pubblicate per cura della Biblioteca della Camera dei Deputati, Roma, Tipografia della Camera dei Deputati, 1898.

F. CONFALONIERI, *Carteggio*, pubblicato con annotazioni storiche a cura di G. GALLAVRESI, Milano, Società per la storia del risorgimento italiano, 1910-1913, 3 voll.

ID., *Memorie e lettere*, a cura di G. CASATI, Milano, Hoepli, 1889-1890, 2 voll.

Id. *Memorie*, a cura di A. M. Orecchia, Milano, Led, 2004.

Edizioni digitali:

http://www.archive.org/stream/carteggiodelcont01conf/carteggiodelcont01c onf_djvu.txt

http://www.archive.org/stream/carteggiodelcont00conf#page/n7/mode/2up

http://www.archive.org/stream/raccolteeraccogl00vanbuoft/raccolteeraccogl 00vanbuoft_djvu.txt

http://www.archive.org/details/epistolariodisi00pellgoog

http://www.archive.org/details/federicoconfalo00ancogoog

Biografie e saggi critici:

F. LEMMI, *Il processo del principe della Cisterna*, Torino, Collegio degli artigianelli, 1922.

M. L. ORSINI LALLI, *Pietro Borsieri tra martiri e letterati*, Pescara, Edizioni Aternine, 1961.

G. RUMI (A CURA), *Federico Confalonieri aristocratico progressista nel bicentenario della nascita (1785-1985)*, Milano, Cariplo, 1987.

A.VANNUCCI, *I martiri della libertà italiana dal 1794 al 1848. Sesta edizione con molte aggiunte e correzioni,* Milano, L. Bortolotti e C. Tipografi-Editori, 1878.

Dizionario biografico degli italiani, Roma, Istituto dell'Enciclopedia italiana, 1960-2004, 63 voll.

**Link a siti che contengono notizie utili
su Confalonieri, Pellico e sugli altri personaggi
nominati nella loro corrispondenza:**

http://en.wikipedia.org/wiki/Federico_Confalonieri

http://www.grandain.com/puntoevirgola/SILVIO%20PELLICO.asp

http://www.url.it/donnestoria/testi/trame/tconfalonieri.htm

http://www.url.it/donnestoria/testi/trame/feconfal.htm

http://it.wikipedia.org/wiki/Giorgio_Pallavicino_Trivulzio

http://cronologia.leonardo.it/storia/a1799gg.htm

http://www.storiain.net/arret/num92/artic5.asp

http://www.girodivite.it/antenati/xixsec/8a_itali.htm

http://www.maremagnum.com/index.php?option=com_ricerca&task=risult&desiditem=66700190

http://cronologia.leonardo.it/storia/a1821d.htm

http://www.prodomodossola.it/index.php?option=com_content&task=view&id=13&Itemid=27

http://www.bibliotecamai.org/cataloghi_inventari/carteggi/carteggi_melleri o.html

http://www.lombardiabeniculturali.it/archivi/soggetti-produttori/famiglia/MIDD0000FA/

http://www.civicheraccoltestoriche.mi.it/fondo.php?idFondo=8